信息时代下
高等职业教育发展

柴蓓蓓◎著

吉林出版集团股份有限公司

图书在版编目（CIP）数据

信息时代下高等职业教育发展/柴蓓蓓著．—长春：
吉林出版集团股份有限公司，2020.5
ISBN 978-7-5581-8438-3

Ⅰ.①信… Ⅱ.①柴… Ⅲ.①高等职业教育－研究
Ⅳ.① G718.5

中国版本图书馆 CIP 数据核字 (2020) 第 060002 号

信息时代下高等职业教育发展

著　　者	柴蓓蓓	
责任编辑	王　平　姚利福	
封面设计	李宁宁	
开　　本	787mm×1092mm　1/16	
字　　数	204 千	
印　　张	11	
版　　次	2021 年 3 月第 1 版	
印　　次	2021 年 3 月第 1 次印刷	
出　　版	吉林出版集团股份有限公司	
电　　话	010-63109269	
印　　刷	炫彩（天津）印刷有限责任公司	

ISBN 978-7-5581-8438-3　　　　　　定价：58.00 元

前　言

当前，我国全产业正处于转型升级的时期，中国的生产制造也正在向生产"智造"迈进，未来劳动密集型企业必然会越来越少，取而代之的是精工作业，而精工作业需要大量的具备高等技术的人才。与此同时，从业人员的工作环境也正发生着巨大的变化，数据化、智能化、连接化、信息化是将来从业人员工作环境的主要特征。这种工作环境对从业者有了更高的要求，尤其是对从业人员的技术要求会越来越高，而这些要求无疑会对肩负着培养高素质劳动者和技术技能人才重任的高等职业教育带来影响。高等职业教育在人才培养方面不仅要培养学生具备某一项传统技术，如传统的电工技术、电子技术、汽车维修技术、电子商务应用技术等，还要培养学生掌握移动互联网技术、物联网技术、大数据以及云计算等新兴技术。

在云计算、大数据下的电商技术、物联网技术、移动互联网技术已成为工具性技术的背景下，高等职业教育对教师学习新知识和新技能的能力、应用新知识和新技能的能力以及创造性方面都提出了更高的要求。教师既要发挥一个学习者的作用，不断学习新知识、新技术，具备操作现代教育教学媒体的能力；同时还要发挥作为导学者的作用，教师的角色不再是传统的"传道、授业、解惑"，其主要职能已经从"教"转变为"导"，承担着引导学生学习线上课堂知识和技能，以及线下课堂知识和技能的任务，从而更好地参与到学生的整个学习链中，包括听课、练习、实时答疑、实时知识反馈等。

本书在编写过程中，由于编者水平有限，书稿难免存在一定的不足与缺陷，希望广大读者多提宝贵意见，以便编者不断改进和完善。

目　录

第一章 信息时代背景下高等职业教育的理论研究

第一节 高等职业技术教育的概念、特征及地位

近年来，我国的高等职业技术教育发展方兴未艾，势头强劲，无论是在推动经济社会发展，还是在推进高等教育大众化、普及化等方面，都发挥了极其重要的作用。但目前我国对高等职业技术教育的基本理论研究还很不够，认识模糊，这严重地阻碍了高等职业教育的进一步发展。因此，深入探究其理论基础与理论体系尤为必要。

一、高等职业技术教育的概念与内涵

高等职业技术教育的界定十分重要，它不仅影响到高职的培养目标与课程设置，而且会影响到它的长远发展。要界定和研究高等职业技术教育，必须首先了解什么是职业、职业教育，什么是技术、技术教育以及什么是职业技术教育。职业的最原始解释为"应做份内之事"。时至今日，职业一般指人们在社会生活中所从事的、作为自己主要生活来源的、在社会分工中具有专门职业的工作。职业教育就是使受教育者达到职业资格的获得、保持或转变及职业生涯质量的获得与改进的教育。技术是指人类在利用自然和改造自然的过程中积累起来并在生产劳动中体现出来的经验和知识，也泛指其他操作方面的技巧。技术教育就是使受教育者学会某种技术，掌握完成该技术所要求的手段和方法的体系，从而符合某种职业需要的教育。职业技术教育则是职业教育和技术教育两者的综合。

通过上述分析和对已有高职理论的研究，可以给高等职业技术教育作如下定义：高等职业技术教育是以学习某一职业技能，不断提高从业技术水平，培养技能型、工艺型、应用型、实用型高级人才为目的的社会实践活动，它是职业技术教育的高级阶段，属于高等教育的范畴，是一种特殊类型的高等

教育。这一界定至少包含以下内容：

第一，它属于教育的范畴。虽然高等职业技术教育是一种特殊类型的教育，但它仍然是有意识地、以影响受教育者的身心发展为直接目标的社会活动，即教育。这是它最基本的属性。

第二，它属于高等教育的范畴。区别于职高、中职等中等教育，高等职业技术教育是高等教育的一部分，它不局限大专层次，还包括了本科层次甚至研究生层次，具有高层次性。

第三，它属于特殊类型的高等教育。普通高等教育着重在通过传授知识，培养和训练受教育者的各种思维和能力，使其成为学术型、研究型、工程型等类型的人才。而高等职业技术教育则与不同，有其自身的特殊性，主要表现在两个方面：一是职业性，高等职业技术教育具有明确的培养目标，它以职业岗位的需求为基础，对受教育者进行职业道德和职业能力的培养，使学生毕业后能迅速适应职业岗位的需要。它是以职业岗位为导向、以职业技术能力为基础的新型高等技术教育。二是实践性，高等职业技术教育培养的是去生产和服务第一线的高级应用型人才，并且要求这种人才毕业后能立刻上岗并能熟练运作。因此，它必然具有非常强的实践性。在整个教育过程中，通过大量的实践训练，使其满足职业岗位的需要。

第四，它与普通教育是相互沟通的。高等职业技术教育与初级、中级职业技术教育构成了职业技术教育的完整体系。但是，健康的（高等）职业技术教育与普通教育应该是相互沟通的，两条轨道之间应该建立起相应的立交桥。

二、高等职业技术教育的性质与特征

就一般意义而言，人们把高等教育划分为普通高等教育和特殊高等教育两大类型，而把高等职业技术教育归属于后者。至于为什么归属于后者？就需要进一步探索和研究高等职业技术教育的性质与特征。

（一）性质

事物的性质，即事物的内在本质属性，是一事物区别于其他事物的根本原因。我们研究高等职业技术教育的性质，就是要研究它区别于其他教育的根本原因，即它内在的本质属性。

1.高等职业技术教育属于高等教育的范畴

高等职业技术教育与初级、中级职业技术教育构成了职业技术教育的完整体系，而且是这一体系的高级阶段。《中共中央国务院关于深化教育改革全面推进素质教育的决定》中明确指出：高等职业技术教育是高等教育的重要组成部分。但目前在我国，人们普遍认为高等职业技术教育是"次高等教育"，仅仅把它看作高等教育的一种补充；认为高等职业技术教育低于普通专科教育，甚至把它同中专相等同。这些观点都是错误的，将会给高职教育的发展带来很大的障碍。为促进高职教育的快速健康发展，我们必须明确这样一个问题：高等职业技术教育是高等教育的重要组成部分，它不是"次高等教育"，更不是中等教育。

2. 高等职业技术教育是实用型教育

高等职业技术教育培养的是在生产与服务第一线从事管理和直接运作的高级实用人才，这一明确的培养目标决定了它是一种实用类型的教育。这也正符合了"教育类型是由社会需要的人才类型所确定的"这一规律。社会所需要的人才可分为学术型、研究型人才和应用型、实用型人才两大类，普通高等教育主要培养前一类人才，而后一类人才则主要是由高等职业技术教育来培养的。学术型、研究型人才发现的客观规律、做出的工程设计、工作规划等，只有通过应用型、技术型人才才能转变为工程、产品等物质形态。在从科学到实践的飞跃中，应用型、实用型人才起了不可替代的重要作用。所以，区别于学术型、工程型教育，高等职业技术教育属于实用型教育。

3. 高等职业技术教育属于终身教育

所谓终身教育，是指与生命有共同外延并已扩展到社会各方面的一种连续性教育。由于高职教育与经济社会的天然密切联系，使得它成为促进生产力发展、支撑经济繁荣的"加油站"，并且高等职业技术教育是开发人力资源和提高劳动力技能必不可少的途径，因此，它应当贯穿于人的一生。高等职业技术教育不仅从单纯的职前教育向职后教育培训延伸，而且从学历教育扩展到非学历教育，通过教会学生学会学习，培养学生可持续发展的能力，全面提高学生素质，特别是专业素质；从而为各类人才的教育和继续教育作贡献。我们应摒弃把高等职业技术教育看作终结教育的思想，充分发挥其在构建终身教育体系中的重要作用，实现职业教育的终身化。

（二）特征

特征可以作为事物特点的象征、标志等，即一个事物区别于其他事物内在表征。因此，高等职业技术教育的特征，就是它区别于其他教育的外在表征。具体表现在以下六个方面：

1. 办学机制的社会性

我国高等职业技术教育办学机制几经变革，到目前为止，已经形成了政府、学校、企业、集体、私人等诸多社会力量联合办学的机制。高等职业技术教育的实施机构，也由最初的地方职业大学独家实施的局面发展为职业大学、普通高等院校、独立设置的成人学校以及综合性、社区性的职业技术学院共同竞争的局面。

2. 培养目标的确定性

高等职业技术教育具有非常明确的培养目标，就是要培养在生产和服务第一线从事管理和直接运作的高级实用型、技术型人才。与普通教育着眼于国民素质的提高不同，高等职业技术教育着眼于受教育者毕业后迅速适应工作岗位的需要，明确以职业岗位的需要为基础，对接受过中等职业技术教育、普通中等教育的青少年以及在职人员或下岗职工进行职业道德和职业能力的培养。

3. 培养模式的循环性

以市场调节、目标确定、教学资源开发、教学实施和评估分析五个阶段为基本元素、顺序组成高等职业技术教育新模式。该模式突出了行业牵动的作用，使得培养目标明确，针对性强，紧贴就业市场，突出了以能力为本位、以素质为核心的教育思想，并且充分发挥了教师和学生的主观能动性，实现了教师主导、学生主体的作用。新模式的五个阶段构成一个大循环，每一个阶段又有各自的小循环。上一阶段循环是下一阶段循环的依据，下一阶段循环是上一阶段循环实现的保证。通过各个阶段小循环不断运转，推动大循环的不断运转，大、小循环一齐动，使教学水平和教学质量不断提高。

4. 专业设置的职业性

由于高等职业技术教育属于职业技术类教育，以及它培养高级实用型、技术型人才的培养目标，决定了它的专业设置必然具有很强的职业性。这主要体现在它的课程设置和教学内容上。明确的职业定向决定了高等职业技术教育必须从某个职业岗位群出发，进行职业分析，了解构成这一职业岗位工作的主要内容，明确支撑其职业或工作所需的知识与技能，从而确定课程设置与教学内容。

5. 教学方法的实践性

高等职业技术教育所培养的高级实用型、技术型人才，要到生产和服务第一线从事管理和直接运作。用人单位要求这种人才毕业后能立刻上岗，熟练运作，迅速适应职业岗位的需求。毕业生要达到这种要求，就必须在毕业前进行大量的实践活动，不仅要了解职业岗位的工作流程，而且还要能够进行熟练的运作。这决定了高等职业技术教育必须执行以职业技能训练和岗位能力培养为中心的组织教学原则，大量采用实践性教学方法。采用多种形式，强化实践性教学，较大幅度地增加实践环节和实践课的比例，使学生有足够的时间来进行实际操作，从而达到预期的培养目标。

6. 师资队伍的"双师型"

高等职业技术教育的教师素质要求不同于其他普通高等教育的教师素质要求，它要求教师不仅具有讲师或副教授的理论水平，还应具有技师或工程师的技能水平，即所谓的"双师型"教师。只有这样，才能做到理论讲解深入浅出，操作演示准确无误。此外，高等职业技术教育的教师还应具有广博深厚的知识，具有现代人的个性、心理和品质，掌握教育学和心理学原理等。

三、高等职业技术教育的地位与作用

综观世界各国的高等教育，可以看出高等职业技术教育不仅是高等教育的重要组成部分，而且与普通高等教育处在相同的地位上，并且发挥着越来越重要的作用。但在我国，学科本位观念长期以来根深蒂固，高等职业技术教育仍是"养在深闺人未识"，甚至在一定程度上遭受蔑视，这严重阻碍着高等职业技术教育的发展。因此重新认识高等职业技术教育的地位与作用十分必要。

（一）是促进经济发展的"助推器"

当今世界，经济的发展对高新科学技术和高等教育的需求与依赖越来越大。我国要在科技竞争与经济竞争日益激烈的形势下立于不败，不仅要有一流的基础科学水平，更要有先进的实用技术与工艺。为将科技成果转化为生产力，要求在生产第一线有一支高水平的工艺技术队伍，开发出具有世界竞争能力的一流产品，特别是技术密集型和高科技产业，对高水平的职业技术人才要求更加迫切，更何况数以万计的乡镇、民营、中小企业更是人才匮乏。而高等职业技术教育正能适应这一需求，可培养出大批的高级实用型、技术型人才，不仅满足了经济发展对人才的需求，而且成为促进经济发展的"助推器"。

（二）是保持社会稳定的"缓冲地"

高等职业技术教育的发展，一方面培养了大批的高级应用型、技术型人才，另一方面还承担了大量高中毕业生的分流任务。尤其是在目前高中生高峰期，高等职业技术教育吸纳了大量未能进入普通高等教育的学生，不仅满足了他们接受高等教育的愿望，还能使他们学得一技之长，成为社会有用人才。此外，高等职业技术教育也能对在职人员进行教育培训，不断更新他们的知识和技术，使他们不会因为科学技术的更新换代而被社会所淘汰；高等职业技术教育还可对下岗、转岗人员进行教育培训，使他们重新掌握谋生的技能。这样，高等职业技术教育不仅推动了经济发展，而且成为保持社会稳

定的"缓冲地"。

（三）是实现高等教育大众化的"主渠道"

一个国家的发展固然需要大量的学术型、研究型、工程型高级人才，但更需要大量的实用型、技术型高级人才。尤其是在我国这样一个发展中国家，对后者的需求更为迫切。虽然人们对接受高等教育有迫切的愿望，但社会无法"消化"太多的学术型、研究型、工程型人才，因此高等职业技术教育必须承担起高等教育大众化、普及化的主要任务。我们应该改变片面追求走学术型大学发展道路的思想，把高等职业技术教育作为实现我国高等教育大众化、普及化的"主渠道"。

（四）是提高劳动者素质的"大熔炉"

高等职业技术教育的招生对象具有多样性，不仅包括接受完中职教育和普通高中教育的青少年学生，而且还包括社会上的在职人员、转岗人员及下岗人员等。高等职业技术教育通过对各种受教育者实施针对性、职业性的理论与实践教育，使他们在这个"大熔炉"里得到锤炼，不仅能取得职业资格证书，而且能掌握熟练的技术、技能，获得全面素质的提高，受教育者毕业后就能立刻上岗，熟练运作，迅速适应职业岗位的需求。高等职业技术教育在提高劳动者素质的同时，促进了社会劳动就业。

四、高等职业技术教育的发展趋势

随着国家经济体制改革的不断深化，经济增长方式发生了根本性转变，经济得到了高速增长，随之引发的各种竞争也愈来愈激烈，给高等职业技术教育的改革与发展带来了前所未有的机遇和挑战。面向未来，高等职业技术教育前景无限，发展势头强劲，其趋势主要表现为以下几个方面：

（一）提高教育层次

高等职业技术教育将会突破目前专科教育层次的局限，建立起包括专科层次、本科层次、研究生层次的属于自己的完整体系，彻底改变它"终结性教育"的形象和现状，从根本上改变其"二流教育"的地位，使职业技术教育真正成为与普教和成教系统"平起平坐"的另一教育通道。高等职业技术教育建立本科及以上教育层次后，就会使学生在加强技术和操作能力培养的基础上，向更高更深的层次延伸，为社会培养出大批更高级别与层次的应用型、技术型、工艺型人才，从而更好地适应和推动经济社会发展。

（二）沟通普通教育

为了发挥国家教育体系的整体效益和灵活性，体现人才成长的多样化和最优化，以及让社会全体成员都能充分享有接受教育的民主权利，目前职教和普教两个体系相互独立与隔绝的局面将被打破，最终实现两个体系之间的相互沟通。

（三）突出职教特色

特色不仅是普通高等教育生存和发展的必然选择，更是高等职业教育的立足之本。没有特色，就没有高等职业技术教育发展的基础。就无法立足、更无从谈及发展。因此，高等职业技术教育必须在长期办学的实践中逐步形成自己的独有特色，包括培养目标、人才规模、专业设置、课程设计、培养模式、师资队伍、教材建设、教学方法、技能训练等多个方面。

（四）建立稳定基地

为使学生的技能真正得到提高，达到实习实训的预期效果，高等职业技术教育的实施机构将会逐步建立起多元化的企业实体，作为学生实习实训的基地。校办企业的每个分支经营的各个专业业务，各分支的日常业务可由各专业的专业教师指导性操作转向实质性操作，并且完全是真正营利性的运作，以此作为每个专业教师的专业进修内容。当学生实习实训时，由于教师熟悉自己的学生，很容易带上手，也很容易了解每个学生的实习实训情况，适时地调整、调换他们的实习实训岗位，让每个学生都得到充分的专业实习机会。这样做使教师与学生都有了较理想的实习实训机会，无论企业兴与衰，成功的经验与失败的原因对他们都是十分重要的。

（五）实行市场运作

高等职业技术院校必须面向市场自主办学，由市场决定人才培养的结构、规格、学制、专业等。学校将十分关注市场需求变化，不断分析市场，快速调整和设计弹性课程体系。高等职业技术院校将充分发挥自身的优势，实施名牌战略，坚持学历教育与非学历教育并举，形成自己的优势专业，培养出品牌专业与技术，不断提升学校在社会和企业中的认可程度和支持度，扩大占领市场份额，实行产业化市场化运作，把高等职业技术教育做大、做强。

第二节 高等职业教育特色研究

高等职业技术教育是适应经济社会发展对高级应用型人才的需要而产生的一个独具特色的教育类型。在教育的大家族里，作为一个新生的特殊门类，应该具有其独特的特色。

一、培养目标的特色

高等职业教育是高等教育的重要组成部分，属于高等教育范畴。培养的人才应具备与高等教育相适应的基本理论、基本知识和基本技能外，还应掌握相应的新知识、新技术和新工艺，以较宽的知识和较深厚的基础理论知识区别于中等职业教育，又以较强的动手能力和分析、解决生产实际问题的能力区别于普通高等教育。高等职业教育从事技术型人才的培养，这类人才主要从事技术的应用与运作，将设计、规划、决策等转化为一线产品，是把科技成果转化为现实生产力的实践者。因此，高等职业教育的培养目标，是为生产和服务第一线培养具备综合职业能力和全面素质的高级应用型人才。

二、人才规格的特色

人才规格是培养目标的具体化。高等职业教育培养的人才，应具有"爱岗敬业、诚实守信、服务群众、奉献社会"的职业道德；拥有必备的文化基础知识和专业基础理论，既能胜任技术密集型的岗位，又有可持续发展的能力；具有较强的职业能力和娴熟的专业技能；具有较强的钻研精神、务实精神、创新精神和创业能力；具有健康的体魄、良好的心理素质以及交往与合作的能力。

三、专业设置的特色

科学合理地设置专业，是实现高等职业教育培养目标和体现职教特色的基础工作，也是高等职业技术院校主动适应社会需求的关键环节。高等职业技术教育与经济结构调整、技术进步和劳动力市场变化等方面有着更直接、更密切的关联。在专业设置上，不像普通高等教育那样有非常规范的专业目录，必须以市场需求为导向来设置专业。专业是市场需求和学校教育的结合点，学校对社会的适应状况，要通过专业设置体现出来。在设置新专业时，应广泛开展社会调查，准确把握地方产业结构和经济结构的变化，贴近经济、贴近产业、贴近岗位、适度超前，具有前瞻性和先进性，为行业发展提供技术支撑，也为自身发展赢得生机与活力。坚持稳定性与灵活性相结合的原则，密切注意职业岗位结构的变化、科技含量的提升、市场化与国际化的程度，不断改造拓展专业，优化专业结构，建立起具有示范性的专业类群。这就构成了高等职业教育专业设置上的独特特色。

四、课程设置的特色

普通高等教育以培养学生具有深厚的专业理论基础、较宽的专业知识面、较强的科学创造潜力为目标，强调学科知识结构的完整性和系统性。而高等职业教育则以培养学生具有扎实的职业技能、较深厚的岗位业务知识、较强的技术再现能力为目标，强调职业岗位技能的专项性和操作性。因此，高等职业教育的课程设计及开发以适应岗位的职业能力为目标，着眼于理论在实际中的应用，不追求专业理论知识的完整性，专业教学内容是成熟的技术和管理规范。课程设置按照突出应用性、实践性的原则，重组课程结构，构建模块式课程和综合化课程体系，并根据客观需要及时更新教学内容，以适应职业岗位工作的需要。文化课的教学既要满足专业课的学习需要，又要为学生的继续学习留好接口，更要注重知识的应用能力和学习能力的培养。

课程改革是教学改革的核心任务。高等职业教育的课程开发与改革要有产业界人士参与，才能更好地把用人单位的需求在课程设计中体现出来，以保证课程设计的科学性和适应性。

五、培养模式的特色

以"能力为本位"的培养模式是高等职业教育的重要特色。高等职业应注重实践能力的培养，坚持理论与实践相结合，实践教学课时要占到教学计划、总课时的 50% 以上；规定的实验、实训开出率要在 90% 以上；教学与生产相结合，通过顶岗实习，学生直接从事生产经营活动，掌握生产技术。推行的职业技术等级证书为主要内容的"双证制"或"多证制"，缩短了学生毕业后工作的适应期，实现了"零"距离上岗。

高等职业教育注重创业能力的培养。学生从进校的第一天起，就接受着自谋职业、自我创业的教育，开设有"就业与创业""经营管理""公共关系""法律与税收"等与创业密切相关的课程。通过到有特色的生产企业和基地实习或开展社会调查，既开阔了眼界，又磨炼了艰苦创业的意志，也增强了学生利用专业优势创办小型企业的意识与能力。

高等职业教育注重创新能力的培养。创新精神和创新能力是高等职业教育的一种教育理念，渗透于专业设置和教学过程之中，对学生的知识传授和技能训练不只进行验证性实训和学习，而是以学生为主体，激励学生积极思维、自主学习，不断培养学生发现问题、勇于探索和执着追求的创新意识和创新能力。

高等职业教育注重个性化培养。实行弹性学制和学分制，创立适宜个性发展和优秀人才脱颖而出的人才培养模式。在教学过程中鼓励冒尖，激励差生，激发每个学生的潜能，使其优势得以充分发挥。允许不同来源、不同水平的学生采取不同的时间、方法和途径以完成学业。

六、师资队伍的特色

高等职业教育的性质，决定于专业课教师既要具备扎实的理论基础知识和较高的教学水平，更要有很强的实践技能，即"双师型"素质。"双师型"教师是高等职业教育的一个重要特色。专职教师应分期、分批地到有关生产单位参与生产管理、技术改造、产品营销等实践活动，提高自身的实践操作能力。同时，广泛吸引企事业单位的工程技术人员、管理人员和有特殊技能的人员到学校担任兼职教师，以优化师资队伍结构，突出职教特色。此外，这也是加强学校与社会联系的重要途径。

高素质的教师队伍是保证高等职业教育人才培养质量的前提。从事高等职业教育的教师必须具备较强的创新意识和乐于吃苦的奉献精神。

七、教材建设的特色

高等职业教育的教材以适应科技、经济和社会发展对高级技术型人才要求，体现新知识、新技术、新工艺和新方法，具有很强的时效性；职业教育以服务行业和区域经济为办学宗旨，就是同一个专业的高职教材，也因地域环境或产业结构的不同有较大的差异，具有很强的地方特色；高等职业教育有相对独立的实践教学体系，实验、实习教材以生产性、工艺性、设计性、综合性实验内容为主，减少演示性、验证性的实验内容，实现基本实践能力与操作技能、专业技术应用能力与专业技术、综合实践能力与综合技能的有机结合。同时，教材的体系、结构、体例要符合高等职业教育的教学规律和学生的逻辑思维方式，做到深入浅出、循序渐进，便于学生理解与掌握。

高等职业教育是以"应用"为主旨和特征来构建课程及教学内容体系。基础理论教学以"应用"为目的，以"必需、够用"为度。专业课教学强调针对性和实用性。实践教学体现实践能力、创新能力和创业能力的培养。

八、教学方法的特色

实现高等职业教育培养目标，客观上要求必须改革现有的一切与之不适宜的教育教学方法和教学手段。高等职业教育要求：第一，教学与生产要紧密结合，实行工学交替方式，创设教、学、做合一的特殊课堂，采用现场教学法，教师在做中教，学生在做中学，以培养学生解决实际问题的综合能力和岗位职业能力；第二，教学与科研要紧密结合，学生参与科研实践活动，创设独立思考和研究性学习的氛围，引导学生积极探索，以培养学生的创新精神和严谨求实的作风；第三，教学要注重采用现代先进的教学手段，开发和使用多媒体教学课件，创设图文并茂、生动形象的现场感觉与氛围，以提高课堂教学的直观性和教学效果。采用多媒体教学，还可以实现优秀教育资源的共享，最大限度地满足学生个性化自主学习的需要，还可以培养学生从互联网上获取新信息和新知识的能力；第四，教学要注重启发式，创设平等、和谐、融洽的课堂气氛，激发学生的参与意识，引导学生积极思维、质疑问难，以培养学生的求知欲望和创新思维能力。

总之，特色是高等职业教育的办学之源、立校之本、发展之基。以特色求生存，以创新求发展，是高等职业教育的办学理念。

第三节 高职学院发展方略的构想

近年来，我国高等职业技术学院得到迅猛发展，高等职业教育在我国高等教育规模中已占半壁江山。但目前面临两方面的问题。一方面，发展历史短，经验不足，理论准备不充分；另一方面，发展速度快，新组建院校多，大家都处在激烈的竞争之中，这种竞争包括生源的竞争、就业的竞争、教育资源的竞争等诸多方面。怎样才能在激烈的竞争中立于不败之地，获得不断发展壮大，这是每一位高职院校的领导者都必须认真思考的严峻的现实问题。笔者认为，最重要的是学校发展的定位和发展方略的选择。

一、实施个性化办学，以特色谋求发展

在我国，新增的高等职业技术学院绝大多数是由普通中专升格，或与成人高校、职业大学合并而成。目前的办学情况是，基础条件差，专业设置小而不全，除一部分行业部门主办的学校外，大都没有明显的特色与优势。市场经济的本质是竞争的经济，市场经济时代亦是个性化纷呈的时代，没有个性化就没有竞争力。"物竞天择，适者生存"。在现代高等教育这个相对独立的系统中，在生源、师资共享、投资、研究项目等许多方面都存在不可避免的竞争。在这种竞争的环境中，高职院校也必须探索适合自身情况的生存秘诀，找准自己在现代高等教育中的位置，使自己成为一个不被其他学校所替代的个体，有自己的立身之所、用武之地。这就要求我们实施个性化办学，注重塑造自己的个性化形象。个性化是指在一定的社会条件下，一事物区别于另一事物的比较特别的特性。高职院校的个性化，应该是高职院校在分析自己的历史传统、比较优势和时代需求，并与其他高等教育机构的比较中得出的独有的特性。它具有先进性和时代性，是学校生存的源泉和发展的生命力所在。

首先，实施个性化办学，要对学校自身的优势、本校与他校的差异以及社会需求有深度的分析和了解。自身优势，包括师资、设备、办学传统等；本校与他校的差异，包括行业背景、区域背景、办学历史等；社会需求，包括"长线""短线""缺门"等。所有这些，都要作综合分析，然后才能找准自己的个性定位。人无我有是个性，人有我优也是个性。有了个性，还要尽可能把它"放大"，也就是我们通常所说"做大、做强、做出特色"。

其次，实施个性化办学，要有个性化的专业设置。专业设置是实现个性化办学的关键环节。一所学校只要有两至三个有特色的品牌专业，它在社会上的影响力就大了。在这一方面长沙民政学院给我们树立了很好的榜样，其办学指导思想是："立足民政，面向社会，适应市场。"它的特色主要突出在"立足民政"四个字上。学院设置有民政管理、社会保障、社区建设、老年人服务、现代殡仪技术与服务、假肢矫形器设计与制造、戒毒康复等专业，其中殡仪专业的名气最大，因为它填补了国内大专殡仪人才培养的空白，好就业，满足了一部分学生的求学需求。现在人们一谈到殡仪专业，就联想到长沙民政学院，一谈到长沙民政学院，就知道它有一个殡仪专业。这个专业给长沙民政学院带来了巨大的品牌效应。使这所学校在短暂的几年中办学规模就由一千多人发展到一万多人，在诸多的办学因素中，个性化办学起了至关重要的作用。其实，在不少行业或部门办的学校中，都存在着各自的优势和特色专业，问题是如何下功夫，有意识地把这些优势与特色凸现出来。

在专业设置上，高职院校要体现个性化，一要勇于舍弃，二要善于创新。设置和建设一个专业难，放弃一个专业可能更难。目前，不少学校的专业数十个，十个学科领域中就有八九个学科没有专业，从表面上看，专业数量多，东方不亮西方亮，有利于学校抵御暂时的风险，但实质上是我们办学者粗放经营思想的一种表现。办学资源分散，专业建设的效能与水平低下，从长远的角度看，是很难做出品牌，形成个性化专业的。实施个性化发展战略必须有所为，有所不为。只有有所不为，才会有所作为。办学与经商同理，市场上各种各样的专门店很多，而超市只有几大家。对于刚刚起步的高职院校而言，办"超市"绝对是错误的选择。就是市、州政府办的为区域经济服务的高职学院，专业设置也不宜过多。因为人才是可以引进的，毕竟能办"超市"的学校是少数。因此要勇于舍弃，力求创新。专业目录有的可以办，没有的，只要有社会需求，也可以办。社会是发展的，专业也是发展的。舍弃是发展，创新也是发展。湘西民族职业技术学院根据湘西少数民族的独特风俗和生态旅游资源丰富的特点，开办的生态旅游专业，前景一定看好。

再次，实施个性化办学，要有个性化的人才培养方向。目前，我国高等职业学校入学者的水平参差不齐的现象非常普遍，并将长期存在；同时，技术型人才是社会需求量十分庞大的群体，职业技术岗位是多数个体都可能充分施展才华的广阔天地。因此，我国的高等职业教育，应该把自己的服务功能定位为帮助人人成功，为学习者创造实现多样性发展目标的环境条件。要让学生人人成功，就要根据学生的个性、爱好、特长和文化基础指导学生选择专业。在教学方法上，要实行分类教学和因材施教。要允许学生中途转换专业，并尽可能多地开设选修课，还要允许学生用不同的时间完成学习任务。在教学质量的评价上，主要看是否"学会"，学习潜力是否充分释放，个性、特长是否得到充分发挥。要实现真正意义上的个性化培养方案，做起来很难，但适应是我们教育教学改革的一个方面。

最后，实施个性化办学，要有个性化的管理方式。个性化的管理方式首先体现在个性化的办学理念上。众多国内外著名学府的成长史都表明，个性化的办学理念是学校生存和发展的精神支柱，是学校教育价值观念和哲学思想的集中体现。晓庄学校因陶行知先生"生活教育"的思想而载入史册，清华大学的"自强不息，厚德载物"、北京大学的"兼容并包，思想自由"、南开大学的"允公允能，日新月异"的办学理念，使他们名扬海内外，美国伊顿公学以其"培养上流社会精英"的办学思想而闻名于世，湖南涉外经济职业学院"至善至美，自强自立"的办学理念也非常富有个性化。个性化管理方式还具体体现在校园文化建设上的三个方面。一是个性化的物质文化建设，如个性化的校园建筑，个性化的环境美化，个性化的文化设施等等。这些都是需要着意创造的物化的个性化育人环境。二是个性化的制度文化建设，包括个性化的机构设置，个性化的规章制度，个性化的社团组织等。三是个性化的精神文化建设，包括办学理念、道德观、价值观、质量观、校风（教风、学风、工作作风）、人文素养、行为习惯，乃至校报、校刊的个性化。通过个性化的管理方式，建立个性化的校园文化，培养和熏陶具有鲜明个性特征的学生，一出校门，人家就知道是某某学校培养出来的学生，这是值得我们追求的理想境界。

二、实施多样性办学，以灵活谋求适应

高等职业教育是就业和岗位针对性很强的教育，只有满足人的多样化需求和社会的多样化需求，才能保持旺盛的生命力。

不同文化层次的学生，不同家庭背景的学生，不同爱好和特长的学生，不同的年龄和性别，还有社会弱势群体中的不同个体，对职业教育和培训的要求是不同的。职业教育是"有教无类"的教育，是面向全员、面向人的终

身的教育。高职院校只有多样性办学，才能适应人的多样性需求。

经济结构的调整，产品结构的变化，科学技术的进步，社会多元的发展和区域经济的差异，也给高职院校的办学提出了多样性的要求。在我国也存在这种职业的兴衰更替现象，许多过去闻所未闻的职业也在不断涌现。社会的发展，对高职院校的办学也提出了多样性的要求，那种以不变应万变的办学时代已经过去。

多样化的特点就是灵活。需要学什么，就教什么；需要用什么方式学，就用什么方式教；课堂可以变换，可以在学校，也可以在车间、在家庭（远程教育方式）；学制可长可短，学分可以互认，专业可以转换，工学可以轮换。总之，实施多样性办学，概括起来主要有以下四种途径：

（一）办学形式的多样性

现行高职院校的教育主要是学历教育与非学历教育。非学历教育适宜在岗、转岗、失业人员的培训，也适宜于已取得学历文凭、需要"充电"或形成职业能力而进行的"回归教育和培训"，还适宜于老年人丰富精神文化生活、提供医疗保健和生活服务的培训，是一个极具潜力的发展空间。高职院校要发展，必须调整办学指导思想，学历教育与非学历教育并重、职前教育与职后教育并举之路；把学历证书和职业资格证书、学校教育和终身教育有机地结合起来。

要把非学历教育做起来，做到与学历教育等量齐观，必须运用市场机制，把非学历教育当作产业来办，这样既可以充分利用学校的现有资源，又可以充分调动广大教职员工的积极性。

同时，要采取灵活的办学形式，或请进来办班，或走出去办班，或采取远程教育授课，以满足求学者多样化的学习需求。

办学形式的多样性还体现在学制形式的多样性上。高职院校的学制，现在主要有三种：1. 三年制。以中职、普高毕业生为招生对象，这种学制适宜于技术含量较高或管理要求较高的专业学习，并便于学生通过专升本的途径继续深造。2. 二年制。学生中职毕业再加两年，采用注册制方式入学，即"中高连读"。这种学制方便贫困学生就读，并能提前一年进入就业岗位。3. 五年一贯制。以初中毕业生为招生对象，这种学制有利于一些从小就要开始培养的技术人才，如文艺、体育人才。相对过去专科层次的教育必须以高中文化为起点、学制三年，已是很大的进步。但这还不够，还应积极推行弹性学制，允许学生修满学分提前毕业，或实行工学交替，分阶段完成学业，让学校的门永远向求学者敞开。此外，还可以利用现代技术，开发远程教育。多样性的办学形式，必将给学校的发展带来勃勃生机。

（二）办学层次的多样性

目前，我国独立设置的高职学院，大多办学层次单一，一般只设专科层次，这既不利于学校的发展，也难以满足社会对多种规格的实用型人才的需求。笔者认为，高职院校的办学层次应在以专科层次为主的前提下，应该向上、向下延伸。向上延伸，可以有本科层次、工程硕士层次，真正建立健全起我国高等职业教育的完整体系。这样可以使高等职业教育的专科层次不至于成为学历的终点教育，为专科高职毕业生提供了继续深造的途径，有利于提高整个职业教育的发展。向下延伸，可以举办中等层次的职业教育，其理由：一是目前我国新增的独立设置的高职院校大多是由原来的重点和骨干中职学校升格、合并组建起来的，办学轻车熟路，原有的教育资源可以充分利用，更重要的是对中职教育可以起到龙头带动和示范作用。二是有利于中、高职的衔接，便于学生就地连读、直升，这既是对高职教育生源的有效保障，又是对中职教育发展的巨大拉动。三是作为一种过渡，可以让学校腾出时间为高职的办学创造条件，包括师资、设备的准备和办学经验的积累等等。总之，多层次办学，有利于高职院校的持续发展。

（三）办学模式的多样性

现行高职院校的办学，有行业办学、企业办学、市（州）政府办学、民间办学、社团办学、校企合作办学等种办学模式。办学模式的多样性给高职教育的发展带来了繁荣的局面。深入考察便知，这些办学模式中，单独办学的居多，联合办学的见少。单独办学有许多困难和问题难以解决，特别是新组建的，由中专"升格"上来的学校，基础较差，资源有限，更是困难重重，问题多多。目前，在一些地方正在兴起一种新型的办学模式——集团化办学。它是以一所办学实力较强的高职学院为核心，联合若干所中、高职学校组建成职业教育集团，形成招生、教学、就业服务既有统筹，又有适当分工，纵向沟通，横向联合，资源共享，协同"作战"的态势。这样，既可以提高教育资源的使用效益，又可以克服单独办学势单力薄的弊端，提高抵御风险的能力。集团化办学，行业背景扩大了，服务面向扩大了，有利于在更大的范围内利用企业、行业的教育资源，也有利于拓宽学生的就业渠道。集团化办学可以开出更多的选修课，还可以实行专业自由转换，学分互相承认，有利于弹性学制和学分制的实施，为学生获得充分的、自由的个性发展创造条件。在我国，集团化办学还刚刚起步，成功的范例不多。但完全可以预言，在不久的将来一定会有大的发展。

（四）教学模式的多样性

高职院校不同的专业，有不同的培养目标。教学模式也应该是多种多样。有的专业适用于 CBE 模式，有的适用于"双元制"模式，有的应该是 DACUM 模式，有的则应该是产学研结合模式或产教结合模式。此外还有技术导向型、行动导向型教学模式等等。我国职业教育的先驱陶行知先生早在 1927 年就提出了"教学做合一"的教学模式，这种模式在今天仍是十分有用。

目前，一些高职院校提出了"零距离上岗""多证书就业"等人才培养观念，反映了我们的教学模式正在向多样性的方向发展。当前我们在构建高职教育的教学模式时，需要突出抓好四方面工作：一是要构建适应现代职业岗位和终身教育需求的课程体系；二是要构建满足不同生源和不同发展要求的学分制教学管理模式；三是要建立实施创业教育的人才培养模式；四是要采用以学生为中心的主体教学模式。

三、实施开放式办学，多途径实现目标

高等职业教育的根本任务和培养目标的规定性，决定了高等职业院校必须面向经济建设、社会发展和就业市场的实际需要，与生产、建设、管理和服务的实践紧密结合，走开放式的办学路子。

如何实施开放式办学，从教育部颁发的《关于加强高等教育人才培养工作的意见》中可以归纳如下几点：1. 以适应社会需要为目标，以培养技术应用能力为主线，设计学生的知识、能力、素质结构和培养方案；2. 以"应用"为主旨和特征构建课程和教学内容体系；3. 建立校内外实验、实训、实习基地，实践教学在教学计划中占有较大比重；4. 建立一支数量足够、与教学相适应的专兼结合的"双师型"教师队伍；5. 学校与用人单位结合，师生与实际劳动者结合，理论与实践结合。具体实施开放办学的途径主要有如下三个层面：

（一）面向企业

从目前大多数高职院校的师资、设施条件看，没有企业的参与，人才培养质量是无法保证的。在企业学技术，比较实用也很容易，而且新技术也只有到企业里才能及时学到。向企业开放，包括向科研院所开放，实行产学研结合，主要目的是加强人才培养的针对性和适应性。其主要方式有如下三种：一是浅层开放。请一些企业家、企业和科研院所的工程技术人员、研究人员到学校举办讲座，介绍企业的用人要求和新技术、新工艺；把学生带到企业去参观学习；对毕业生进行跟踪调查等。这种方式对于促进学校的教育教学改革有一定的作用，但这还只是一种低层次、低水平的开放，目前大多数学校还处在这种状态。二是深层开放。如设立校董事会，企业家参与学校大政方针的决策；设立专业指导委员会，企业的技术人员参与教学计划、课

程设置和教材的开发；学校派相关专业的教师到企业跟班学习，企业派技术人员到学校兼课；校内实训与企业实习相结合等等。三是完全开放。学校与企业完全融合，人、财、物共投，资源共享，办学共管，学校办学是企业工作的一部分，学校与企业共生存；企业的参与是整体参与、深层参与、全方位的参与。这种办学方式，可以实现真正意义上的"零距离"上岗，培养的人最受企业欢迎，学校对学生出路也无后顾之忧，是向企业开放办学的最高境界。

不同的高职院校可根据自身的办学条件和实现培养目标的需要，选择向企业开放的方式。现阶段我国的高职院校面向企业开放办学的程度还很低，还应进一步加大开放的力度，不断提高开放层次和开放水平。

（二）面向社区

高等职业教育作为终身教育的组成部分。对学习化社区的形成和社区的物质文明、政治文明与精神文明建设具有举足轻重的地位和作用。美国社区学院在其一百多年的发展进程中，始终围绕为学院所在社区服务的宗旨，为社区人们提供多种多样的学习机会，成了美国经济社会发展不可缺少的人才培养基地，已为世人所公认。目前国内有学者认为，"在学习化社会中，高职院校应把自己改造成以学习者为中心的开放式学习化组织"，并"应该在以学校为中心的区域，帮助构建学习化组织、学习化社区、学习化企业，发挥核心作用和指导作用"。高职院校向社区开放，这既是建设学习型社会，提高社区劳动者素质和精神文明水平的需要，也是扩大学校服务功能和发展内涵，提高学校品牌形象的需要。

向社区开放的形式主要有：1.采取讲座、联谊等形式，开展科普、法律、文艺体育教育，以提高社区居民的基本素质；2.开放图书馆、实验室、体育活动场所，并给予指导，为社区居民学习提供方便；3.发挥学校的专业、设备、师资优势，举办各种各样的培训班，为在岗、转岗、失业人员提供技术培训，乃至为老人、儿童、妇女提供各种需要的培训；4.与社区相关企业、研究机构合作办学，培训人员，开展技术改造，开发新产品、新技术；5.与社区相关企业合作办厂、办场、办店等等。学校在服务的同时，也了解了社会，这对于充实和改进教育教学也是很有好处的，还可以通过服务创造一定的经济效益，于社区、于学校都是有利的。

（三）面向境外

在经济全球化的今天，职业对人才的要求逐渐趋于国际化。一方面大量外资企业涌入，需要培养大批懂得国际惯例、国际知识、国际通用的技术操作程序和产品及服务质量要求的人才；另一方面，开发国内巨大的人力资源，组织劳务输出，也需要培养大批懂得上述知识、技术和规则的人才。由此可见，高职院校向境外开放也势在必行。

向境外开放主要有两种渠道：一是请进来。如引进先进的办学管理理念、教学模式、教师、教材、设备和教学质量评价体系，引进学校，开展合作办学。二是走出去。把管理人员、教师派出去学习、培训，参加国际学术交流，甚至可以走出去办学，一方而向人家学习，一方面传授我们的经验，展示我们的办学实力，进一步拓展学校发展的空间。

总而言之，个性化办学，是学校生存发展之本，是办学定位的关键；多样性办学，是适应人和社会多样化需求的方式，也是拓展学校发展空间的需要；开放式办学，是实现人才培养目标的必由之路，是确保高职人才培养质量的根本途径，也是实现高水平发展的需要。个性化、多样性、开放式办学是一个有机的整体，统一于学校发展的需要之中，由此构成了高职院校的发展方略之构想。

第二章 技术与职业教育的体系研究

高等技术与职业教育规模的迅速扩张，推动了我国教育事业的发展，加快了高等教育大众化的进程。但是，随着社会经济的发展、产业结构的调整，特别是科技的进步，使社会对技术与职业教育的需求出现多样化、区域化的个性化的趋势，而受传统观念及技术与职业教育本身所固有弊病的影响，技术与职业教育体系在发展过程中出现的问题也是多方面的：第一，人才类型与结构发生变化，而技术与职业教育体系人才培养的类型和层次缺乏弹性；第二，技术与职业教育规模的扩张并没有解决供求矛盾，一方面技术与职业教育结构与经济及产业结构不匹配，直接造成教育资源浪费、学生就业困难；另一方面产业界却求才若渴，高技能人才的严重缺失，反映了技术与职业教育体系发展的结构性障碍；第三，普通教育培养目标与技术和职业教育培养目标之间既模糊、交叉、重叠而又鲜明、清晰，而技术和职业教育体系技能、技术型人才培养目标逐渐趋于弱化，等等。这些问题的出现与技术和职业教育体系的发展不均衡、结构不完善密切相关。作为我国国民教育体系的重要组成部分，技术与职业教育体系承担着国民能力建设，特别高技能紧缺人才培养的历史使命，构建一个结构完善、发展均衡的技术与职业教育体系既是整个国民教育体系发展的需要，也是社会经济发展的需要。

第一节 技术与职业教育体系构建的基本原则

现代国民教育体系是一个以人为本的体系，是一个多样化、开放性的体系，也是一个贯彻终身教育理念，强调终生学习的体系。技术与职业教育体系作为国民教育体系的重要组成部分，在其构建过程中除应遵循国民教育体系的共性之外，更应根据自身的特性，体现技术与职业教育的特色。

一、职业能力本位原则

从现实发展的要求而言，当工业社会向信息社会即知识社会转变的时候，知识更新和社会变化速度加快，一次性的学校教育已经不能满足人们适应客观变化的需要，单纯的学历教育终将会被终身教育所代替。学习能力、做事能力、人际交往能力、组织协调能力、应变能力以及创新能力等等，已成为人们适应新社会的新素质、新要求。世界劳工组织在《知识社会的工作和学习：教育与培训》这份报告中，提出了基本能力、核心、能力、职业能力等几个能力概念，并且对于不同阶段和不同类型的教育和培训在能力建设上提出了不同的要求。

技术和职业教育在满足教育共同能力培养的基础上更多地突出的是职业能力。职业能力是一种以满足企业需求为主，以职业岗位所需的技术操作、应用、研究与开发等为主的能力。它以全面分析职业角色活动为出发点，以提供产业界和社会对教育和培训对象履行岗位职责所需要的能力为基本出发点，强调受教育者在学习过程中的主导地位，其核心是如何使受教育者具备从事某一职业所必需的实际能力。职业能力本位的教育思想从传统的强调教育过程转移到强调教育结果，即受教育者毕业时实际所掌握的技术操作、应用、研究与开发能力。在这里，教育结果是可以预期的，是与职业岗位的具体任务直接相关。较之传统技术与职业教育，能力本位的技术与职业教育提高了产业界在开发技术与职业教育课程、进行职业教学中的介入程度。与以往那种知识本位技术与职业教育相比，能力本位的教育使学生做好准备，适应行业性的广泛要求，直接符合企业，提高了技术与职业教育的效率和效益。

职业能力本位力图使人们能够从人生的不同阶段、以不同的水平与方式进入职业教育体系，并可在这一体系中经过自身的不断努力取得所需要的学历和职业资格，直至达到最高的结果。职业能力本位力求在学习成果的认可和教学的方式诸方面追求灵活、开放。在学习成果的认可上，一是允许把通过接受还没有被认可的一般培训课程，某公司开发的在家培训课程所获得的能力，转换成为已被认可课程的学分；二是保证在培训前，无论通过正式的还是非正式的学习途径所获得的能力，都能得到国家的认可。在教学方式上，强调职业的需求和受教育者在学习过程中的主体地位，使教学最大限度地个性化，最大程度地调动受教育者的积极性。受教育者可以按照自己的情况选择学习方式；可以在教师的指导下，对模块课程进行取舍和组合，可以根据自己的水平选择学习进度。

二、教育与培训相结合原则

终生学习承认教育与培训的多种使命，教育与培训相结合，可以促进个体目标与雇主、社区及社会目标的实现。技术与职业教育除了在学历教育方面具有较大的市场需求以外，随着产业结构的调整和终身教育理念的深入人心，相应的转岗和再就业培训以及继续教育需求也将激增，继续教育将从社会发展的外在需要转变为个人发展内在的需求。从被动转向主动、并成为个体的自觉行为。这些因素为技术与职业教育发展提供了广阔天地，使其成为既为适龄青年提供就业前的教育和培训，也为成年人提供职后再教育和培训的服务。除此之外，未来几年，随着我国城市化进程的加快，我国将有 1.5 亿的农村劳动力要转移到城镇。对农村转移劳动力的培训也是技术与职业教育应当承担的主要任务。因此，技术与职业教育除了提供正规的学历教育之外，应更多地发展非学历教育，为已离开学历教育系统而又需要学习新的职业技术的人提供职业培训。

社会主义市场经济体制的建立和劳动力市场的不断发育和健全，标志着市场机制成为配置人力资源的决定因素，这从报本上改变了我国人才培养模式与人才劳动力结构，进而影响技术与职业教育体系的构成与发展。

三、实践性原则

职业能力的核心在于实践能力，为行业企业培养实践能力强的技能和技术性人才，是技术与职业教育的根本目的，实践性是技术与职业教育的基本特征。

技术的发展使科学与技术逐渐走向融合，它对技术与职业教育提出了新的更高的要求。从实践性这个角度来看，技术与职业教育以职业能力为逻辑起点，把理论知识、职业精神和动力能力整合在一起，从理论教学与实践教学分离、自成体系走向两者的有机结合，即实践性学习。理论教学与实践教学分离所隐含的假设是：所有的知识是有用的，职业能力即知识的运用，因此，知识的传授要先行，要保证知识的系统性和完整性，只要理论知识过硬，在相似的工作环境中将理论加以验证，获得职业能力就比较容易。所以在学习过程中，先学枯燥、抽象的理论，然后开展具体的实践，实践成了理论的附着实践，并非把两者分离，而是根据职业活动过程的有机结合，在实践教学中融合理论教学，在理论教学中融合实践教学。

美国实用主义教育家非常反对人为地把知识割裂开来、分门别类地进行教学的方法，他认为这样会使学生的知识支离破碎，主张以职业主题为轴心，进而按知识逻辑不断展开，用职业来吸纳并整合学习内容。以职业活动为逻辑起点所建立的知识结构，要求学习者采用完全不同于学科理论的学习方式，这一方式是以实践为"先导"和"主线"以"在做中学"、学习与工作相结合、产学结合为主要形式的"实践性学习"这是一种理论与实践整合性的学习。

四、职业生涯规划原则

职业生涯规划指的是一个人对其一生中所从事的职业的规划，包括一个人的学习，对一项职业或组织的生产性贡献和最终退休。职业生涯规划的意义在于寻找适合自身发展需要的职业，实现个体与职业的匹配，体现个体价值的最大化。以就业为导向发展技术与职业教育，必须做好职业生涯规划。

职业生涯规划服务，在我国还算是一个新兴的行业，从国外职业教育的经验和对职业发展研究可以知道，职业兴趣培养和职业生涯教育是一个长期实践的过程。

从职业生涯阶段模型中可以知道，技术与职业教育体系贯穿了职业生涯的探索和磨炼创立阶段，处于个体职业能力的形成和职业选择的关键时期。因此，在技术与职业教育体系中贯彻职业兴趣的培养和职业生涯教育，有利于引导学生了解和尝试现实社会中的各种职业，积累一定的社会工作经验，帮助学生在未来较短时间内实现个体人力资本、兴趣和职业的匹配，提高技术与职业教育毕业生的就业率。

在西方许多国家，他们的职业生涯教育从小学便开始了，而且教育的形式非常多样化。如，职业日、职业兴趣测试、社会实习等等。随着我国市场经济的建立和发展，从分配到双向选择到自由自主择业，催生了一种新的主流就业体系——自主择业或创业，政府从就业市场的主导位置上逐步后撤，社会及学校积极参与，毕业生主体把握成了就业主要形式。在其中，技术与职业教育从偏重于"成品包装"的教育模式为"产品设计"式的职业生涯规划和提升就业力的新模式所代替，大量的职业设计及能力提升的课程和培训进入到技术与职业教育领域，就业力培训从学校独自承担过渡到由学校、社会共同完成。

五、与时俱进，适度超前原则

当今科学技术发展的特点，一是发展速度呈倍数增长趋势，二是既高度分化又高度综合整体化趋势，三是向市场转化速度越来越快。技术的发展带来的是产业结构的调整和能级的不断提升以及人才结构的变化。科学技术、产业结构和人才结构的动态变化过程决定了技术与职业教育必须以市场定需求。但是，市场存在一定的盲目性，人才市场反映社会需求有两个明显特点：一是波动性，二是滞后性。市场经济的建立，使技术与职业教育面向社会自主办学的权限更大了，面向社会开放的领域更广了，其结构优化与提升的空间更大了，但是，这并不意味着市场决定技术与职业教育的一切。在构建技术与职业教育体系的过程中，一方面结构的调整与提升应以社会需求为目标，主动适应社会结构、经济结构、产业结构、技术结构和人才结构的变化；另一方面，要加强对市场规律的研究，了解市场发展的基本走向，并根据规律进行预测，使技术与职业教育递进发展、适当超前发展。

第二节 技术与职业教育体系构建的主要思路

一、根据多元智力理论，承认人人能够成才，承认多样成才道路的成功

《职业教育法》第十六条规定，普通中学可以因地制宜地开设职业教育的课程，或者根据实际需要适当增加职业教育的教学内容。在普通中小学课程中设置职业课，使年轻一代获得通用的技术知识和重要的职业预备教育的技术，从而使为所有人服务的技术与职业教育体系成为国家教育政策的有机组成部分。技术与职业教育必须在普通教育阶段就开始进行，以便让儿童了解一系列有用的生活技能和经验。

在计划经济时代，个人的工作可能一生就一种。而在市场经济环境下，个人一生中可能会换好几个性质不同的工作，这就导致个人在职业生涯中会不断遇到新的变化和挑战。在普通中小学开设职业技术课程，使学生较早接受职业生涯的指导，为未来个人职业生涯的规划奠定基础。

霍华德·加德纳教授在他 1983 年出版的著作《智力的结构》一书中认为，就智力的本质来说，智力是"在一定的社会文化背景下，个体用以解决自己面临的真正难题和生产及创造出社会所需的有效产品的能力"。加德纳教授关于智力本质和智力结构的新理论对传统的智力理论至少有三个方面的突破：第一，智力不再是传统意义上的逻辑——数理智力或以逻辑——数理智力为核心智力，而是我们今天的素质教育所强调教育的实践能力和创造能力；第二，智力不再是传统意义上可以跨时空用同一个标准来衡量的某种特质，而是随着社会文化背景的不同而有所不同的为特定文化所珍视的能力；第三，智力不是一种能力或以某一种能力为中心的能力，而是"独立自主、和平共处"的多种智力。

多元智力理论为我们揭示出：第一，智力并不是可以用肉眼看到或可以用某种特定标准计量的东西，而是潜能，是中枢神经系统的潜在发展能力；第二，智力这种中枢神经系统的潜能可能会被激活，也可能不会被激活——

而这种潜能能否被激活有赖于特定文化下的环境和教育。

根据多元智力理论，由于人与人之间由于生理上和心理上的差别、所处环境不同的差别以及经历不同的差别等，人的智力是多样性、独特的，对待不同的智力应当一视同仁，每个人都有自己的智力强项，只要发挥自身的智力强项，并促进其他智力的发展，人人都能成才。人的智力潜能的激活，在于特定文化背景下环境和教育的作用。因此，人的成才道路是多样的，除学校教育外，可以在环境中、在实践中、在工作和生活中。

二、加强国民能力建设，建立以能力本位的课程为主线（核心）的技术与职业教育体系

技术与职业教育的质量最终要通过课程来体现，不同类型的教育其课程具有很大的差异。一直以来，我国整个教育体系都是以精英人才作为主要培养对象，反映到课程体系中主要是以学科课程为主。这种学科课程强调理论知识的系统性、完整性和连贯性，对学术型、研究型人才来说，"学科发展的内在逻辑与相关性"这一维度就显得十分重要，但人才类型是多样的，不同的人才类型对课程的要求有较大的差异，对于技术应用型人才、管理人才的培养，特别是对于技术与职业教育而言，它更多的是强调知识的应用和技术的应用，其权重甚高，而"学科"这一维度就相对淡化，它应该是学科课程和技术课程的综合，其核心是能力，特别是职业能力。

职业能力是一种综合能力，它不仅仅局限于具体岗位的专门知识和技能，职业教育的核心任务是培养学生的职业能力，不仅中职教育如此，高职教育同样如此。从原则上讲，技术与职业教育在确立职业能力培养时要着重考虑以下几个方面：要从固定的工作岗位分析应有的职业能力，特别要从整个工作过程分析应有的职业能力，甚至从社会劳动组织的角度分析应有的职业技能；要考虑职业转换适应能力；要把非专业能力中的方法能力、社会能力作为重要的职业能力给予充分的重视；要在考虑单一职业能力时考虑相关职业群能力。在这里我们要注意：

第一，相应的职业能力不仅指操作能力，也不等同于心理学上的能力概念，而是职业技能和其他相关能力的综合概念，包括知识、技能、经验、态度等为完成职业任务、胜任岗位资格所需要的全面素质。

第二，这里所说的职业能力不仅限于胜任某一岗位具体工作的能力，同时指使学生获得岗位变动的良好适宜性和可持续学习基础。

第三，高职教育培养的技术性人才往往是现场工作群体的组织者和领导者，他们还应具有合作、公关、组织、协调、创新及风险承受等"关键能力"

要有良好的品质和职业道德修养。

构建以能力为核心的课程体系为主线的技术与专业教育体系，从根本上反映了技术与职业教育的特点。在这个体系中，社会需求决定培养目标，培养目标决定课程内容，课程内容决定技术与职业教育的授业年限。当前我国技术与职业教育体系中争论最大就是有关高等技术与职业教育的年制问题。其实年制的长短，是两年制，还是三年制，甚至四年制，主要由市场需求决定。因为高职教育是源于经济社会发展水平的提高、工业化程度的增强对应用型、技艺型高级人才的需求而发展起来的，其办学规格的依据应该是地区经济社会的发展水平、工业化对高新技术应用的程度以及对人才规格的需求。我国的国情是各地经济社会水平发展极不平衡，各地区因工业化程度不同对职业技术人才规格需求也各异，所以高等技术与职业教育的办学规格也应因地区经济发展而异。即使在经济最发达的美国，也存在大量的两年制高等技术与职业教育，它承担着职业培训的功能。从我国总体的经济发展水平来看，两年制高职有利于多快好省地为社会经济发展培养急需的技术应用性人才，推行两年制有利于解"紧缺高技能人才"的燃眉之急。但我们也应当承认，在部分经济发达地区，由于高科技的发展使生产从劳动密集型向高科技知识密集型转化，对劳动力层次的需要也越来越高，对专业应用型人才的需要在数量上、规格层次上提出的更高的要求，如果仅把高职教育的最高层次定位在大专的两年或三年，已无法满足经济迅速发展和技术进步的需要。高等技术与职业教育的年制应以市场需求来确定，各地应有所差异，既反对"一刀切"，更反对不顾地方经济发展需求一窝蜂地专升本。

三、加强国家的、权威的职业资格证书制度建设，实行"双证"融通，推进职业培训

《职业教育法》第八条规定，实施职业教育应当根据实际需要，同国家制定的职业分类和职业等级标准相适应，实行学历证书、培训证书和职业资格证书制度、国家实行劳动者在就业前或者上岗前接受必要的职业教育的制度。

近几年来，我国在实施就业准入制度方面开始起步，国家规定，用人单位招收录用职工，从事国家规定实行就业准入控制的职业，必须从取得相应学历证书并获得相应职业资格证书的人员中录用；从事一般职业（工种）的，必须从取得相应的职业学校学历证书、职业培训证书的人员中优先录用。但仍然存在一些问题，其突出表现在职业资格证书，既有部门的，也有行业的，甚至同一行业不同的部门就有不同的职业资格证书。但由于利益的原因，各

部门没有统一的职业资格标准，同一行业标准多样且繁杂，严重影响了我国就业准度的实施与执行。当前最迫切的问题是要加强国家的、权威的、在同一行业统一的职业资格证书制度，强化技术与职业教育与劳动就业的联系。严格执行劳动者在就业前或上岗前接受必要的职业教育的制度。加强职业学校学历教育与职业标准的衔接，充分发挥职业学校在推进职业资格证书制度和就业准入制度工作中的作用，切实加强职业指导和就业服务，拓宽毕业生就业渠道。

四、建立中高职衔接贯通为核心的体系，按学历层次标准或课程标准设置与普通教育双向沟通的接口，必要时设置有利于沟通的"桥梁课程"

建立以衔接贯通为核心的技术与职业教育体系，其实质就是架设技术与职业教育体系内部各层次以及技术与职业教育与普通教育体系相互沟通的"立交桥"。搭建技术与职业教育体系"立交桥"的关键接口主要在三个方面：

（一）在高中阶段，学生可以根据自己的爱好和社会需要，在高中阶段进行多次选择技术与职业教育课程或普通高中课程。

（二）中等技术与职业教育毕业学生的毕业选择，他可以根据需要选择高等职业教育、普通高等教育或直接就业。

（三）高等技术与职业教育毕业学生的毕业选择，他可以根据自己的需要和经济承受能力选择普通高等教育或直接就业。

当然，在技术与职业教育体系中，还有一个重要的接口，那就是学历教育与非学历教育的沟通，既然在终身教育理念下，人的学习方式是多样的以及成才的途径是多渠道的，学校教育并非是学习的唯一途径，工作经验也是获取知识的主要途径，而且对技术与职业教育来说是更重要的途径，在技术与职业教育体系中强调承认以前的学业和工作经验，并通过合理的学分反映以前的工作经验，实现技术与职业教育的多向沟通。

除此之外，技术与职业教育体系还必须解决与普通技术与职业教育体系等值的问题，必要时可以设置"桥梁课程"，这样才能实现两者之间的真正双向沟通。

五、有利于终身学习体系的建立，破除年龄限制，实现职前职后一体化，加大课程改革力度，按照技术与职业教育的内在规律，通过学分管理推进选课制和弹性学制的实施

产生于 19 世纪下半叶的学分制在不断完善的过程中已成为主要发达国家

高等教育管理制度的重要内容。美国的学分制是在发展选修课基础上用以计算学习量的管理制度。它使学生根据本人兴趣和劳动市场需求选修课程，有利于学生自己掌握学习进度，提高学生学习的主动性。实行学分制为学生主动学习、自我设计、增强能力、提高素质、充分发挥特长创造了必要的条件，更重要的是学分制的实行将引起一系列全套的管理制度和管理方式的改革。

（一）建立以学生为中心的弹性学习制度，尽可能与每个学生的个性相适应，充分发挥他们的潜能

1. 弹性的课程组合。可以选择适合于本人发展的课程，而且，接受能力强的多学几门课程，接受能力弱的少学几门课程。2. 弹性的学习时间，为方便人们的学习和工作，可以选择适合于每个人的学习时间，全日制、半日制、夜学制、周末制、工学制、学习与工作的交替形式等都存在。3. 弹性的办学形式。可有校内办学与校外办学。4. 弹性的教学形式。有面授式和远程式。5. 弹性的学习方式。有集体学习与个体学习，还可采用"学习项目"或"课程项目"（Program）的形式，部分"学习项目"属于学历教育，更多"学习项目"是非学历教育。每个"学习项目"中都包括培养目标、学习内容、学习时间、学习程序、学习方式等等。学校所开出"学习项目"的数量、质量的结构和效益，成为其水平高低的主要标志。而且，接受能力强的进度快一些，接受能力弱的进度慢一些。6. 弹性的学生组合。按学习相同课程的学生灵活编成班级。

（二）弹性选课制。每个受教育者的兴趣爱好、能力、特长、个性存在一定的差异，且学习基础、社会背景、经济状况各有不同

实施弹性选课制，为受教育者能根据自己的意愿在一定范围内选择学习内容创造了条件，有利于学生个性发展。对于这些未成年学生来说，弹性选课对其潜能和个性的发展有着特殊重要意义。

教育部部长周济在全国职业教育工作会议上的讲话指出，办学机制的转变要采取灵活学制和灵活学习形式。中等职业教育可以通过"1+2""2+1""1+1+1"等办法，使学校和企业、城市和农村、东部和西部的职业教育资源有机结合；高等职业教育积极推行学分制和模块式教学，鼓励校企合办、半工半读、分阶段完成学业等办学形式。

六、增强执法力度，提高行业、企业、社区对技术与职业教育的参与程度

切实加强领导，推动职业教育持续健康发展。各级政府要切实加强对职业教育工作的领导，把职业教育工作纳入当地经济和社会发展的总体规划，列入政府重要议事日程，将职业教育作为实施科教兴国战略、促进经济和社

会发展的大事抓紧抓好；要进一步推动《中华人民共和国职业教育法》《中华人民共和国劳动法》等法律法规的贯彻落实，完善执法监督机制，加大执法力度，提高依法治教水平；大力宣传职业教育和高素质劳动者在社会主义现代化建设中的重要作用，在全社会弘扬三百六十行，行行出状元的风尚，树立正确的教育观、职业观、人才观，提高生产、服务一线高素质劳动者特别是高级技工和技师的经济收入和社会地位，努力营造有利于职业教育改革与发展的社会氛围。

进一步发挥企业行业在发展职业教育中的作用。对参与技术与职业教育的行业企业应在税收政策上有所倾斜，以鼓励行业企业参与技术与职业教育的积极性。各行业主管部门和企业都要高度重视人力资源开发，加强全员培训，提高员工素质。受政府主管部门委托，全国性行业组织制定行业职业教育和培训规划，以及行业职业标准，也可举办职业学校。企业应当成为举办职业教育的重要力量，企业要积极举办职业学校、职业培训机构，强化自主培训，切实加强对职工特别是一线职工的教育和培训。

七、建立新的学业评价和认证制度，扩展学习的时空概念

模糊学习与工作、学校与社会的界限，职业生涯与学习生涯相协调。学业评价的根本目的在于提高职业技术院校的办学质量，引导学校的办学方向，促进学生、教师和学校的健康发展。国际上很多发达国家和地区对学业评价都非常重视，将其作为促进学校发展的一个有效手段。学校认证是一个以学校自我评估和同行、社会中介机构评价为基础，以满足公众要求和提高办学质量为目的的教育质量评估过程。在一定程度上，认证也可以看作是在政府和学校之间建立的一个桥梁，定期地促使学校或者课程实现认证机构所陈述的目标，并测评这些既定目标实现的程度。在国外，学校认证是一个非政府的、独立的、由第三方进行的教育评估过程。

教育社会学的鼻祖涂尔干认为，为适应大规模的工业社会结构，应当建立一种职业行会体系，因为这种行会体系可以发展出比家庭更为持久和有效的互助功能。可以说，认证制度就是在一种职业行会体系内发展和完善起来的。技术与职业教育体系的建立必须确立新的、由行业或中介机构组成学业评价与认证制度，促使技术与职业教育质量的提高。

职业生涯专指个体职业发展的历程，一般是指一个人终生经历的所有职位的整个历程。一个人一生中的职业不仅包括过去、现在和未来那些可以实际观察到的职业发展过程，而且还包括个人对职业生涯发展的见解和期望。一个人的职业生涯是一个漫长的过程。也许一生只从事一种职业，也许一生

从事多种职业，但每个人都希望找到一个相对稳定、适合自己的职业。如何选择和规划自己的职业生涯，往往受学识、爱好、机遇、工作环境等主客观条件的制约，只有根据现行的工作需要改变原来的职业目标和兴趣，调整心态，培养对所从事职业的敬业精神，在实践中产生对事业的热爱，才能集中精力全身心投入工作，实现个人价值，做出成就。职业生涯规划的过程，主要取决于两个方面：一是社会发展的客观需要，特别是社会职业的现实要求；二是当事人自身的实际情况，其中起主要作用的是当事人自己。

因为职业生涯规划不是社会或学校强加在个人身上的实施方案，而是当事人在内心动力的驱使下，结合社会职业的要求和社会发展利益，依据现实条件和机会所制订的个人化的实施方案，所以，从个人的角度来讨论职业生涯规划，它的主要内容包括：自我认识、自我规划（确定职业方向和目标，制订职业发展道路计划）、自我管理（明确需要进行的自我学习、提升准备和行动计划），自我实现（反馈评估，修正完善）。

职业生涯不同于个体的发展，它既包括一般的身心发展，更指个体在一生的生涯中所获得的与工作相关的职业素质。它是一个终身的过程，是一个多途径的过程，它没有学习与工作的界限，也没有学校与社会的界限。技术与职业教育与职业生涯有密切的相关，职业教育通过就业准备、在职提高等形式促使个体完成由自然人向职业人的转换，促使个体终身可持续的职业发展。

从职业生涯与技术和职业教育的关系来看，学历的取得不一定非要在学校读书，从工作中学习是技术与职业教育的基本特点，可以零存整取，并与工作相衔接等多种途径获得。技术与职业教育体系应该是学校教育、工作、自学相互交替的体系，是职业生涯与学习生涯的两者相协调的体系。

第三章 信息时代背景下高等职业教育的专业设置与人才培养模式

高等职业院校是按照专业来组织教学的。如何设置专业，无论是从高等职业教育的宏观管理还是从体现高等职业教育的特征角度来看都具有十分重要的意义。市场需求什么样的高职人才，什么地区、什么行业以及经济、社会的发展又需要什么科类的高职人才等，都涉及专业的设置、调整和改革。对一所院校来说，专业设置又涉及高职院校的特色、建设与投资方向等重大问题。同时，没有专业设置就没有高职专业的人才培养方案，专业设置构成了高等职业教育的前提条件，是实施高职教育的起始环节。因此，研究专业设置，对高等职业教育更好地为社会、经济服务，更好地适应社会需求，具有基础性的意义。

从社会发展、时代进步对教育的要求而言，各个层次、各种类型人才的培养都是不可偏废的。因此，高等职业教育必须从社会的需求和在高等教育人才培养体系中所处的位置出发，明确人才的培养目标和规格。培养目标在教育工作中占有重要地位，它不仅是教育教学活动顺利开展的前提和基础，同时也是教育活动的归宿。

要实现高等职业教育的培养目标，就必须有一套与专业培养目标相适应的科学合理的人才培养方案。人才培养方案的确定既要大胆借鉴世界各发达国家高等职业教育人才培养的有益经验，又要根据我国实际，注意弘扬祖国的优秀传统文化，培养和造就适应时代发展的有高等职业教育特色的人才。

第一节 高等职业教育的专业设置

一、专业与专业设置

专业，是指高等职业院校按照社会职业分工、学科分类、科学技术及社会、经济发展的需要，而分成的学业门类。专业既是学校制定培养目标、人才培养方案，进行招生、教学、毕业生就业等工作，为社会培养、输送各种各类专门人才的依据，也是学生选择学习方向、学习内容，进而形成自己在某一专门领域的特长，为将来从事职业活动做准备的依据。

高等职业教育作为高等教育的重要组成部分，在专业设置上，遵循高等教育专业设置的共同原则：一是适应现代化建设的人才需求；二是适应科学技术发展的趋势；三是符合人才培养的规律。同时又具有高等职业教育专业设置自身的特点。高等职业教育的专业设置必须更多地从自身特点上去探索。首先，高等职业教育培养的人才直接针对社会职业岗位，高等职业教育培养的学生毕业时就要求已是职业岗位的合格就业人员，他们能顺利地履行岗位职责，承担各项本职工作，完成各项工作任务，毕业生一毕业就上岗，一上岗就能独立开展工作，基本不需要适应期。正因为如此，高等职业教育的专业主要是按照职业分工与职业岗位群对专门人才的要求而设置，强调职业性，强调综合职业能力的培养，学生所学的理论知识可能涉及几个学科的内容，不求系统、完整性，只求对本岗位的适用性。这与其他高等教育的专业设置主要以学科为主，强调该学科理论的系统性、完整性和毕业生就业的广泛适应性形成了区别。

其次，高等职业院校的专业设置面向技术含量高的岗位。当前，经济、科技的迅猛发展，给社会经济结构带来了以下巨大变化：一是产业结构的变化，从世界范围看，体现为第三产业持续上升、第一产业逐渐下降以及第二产业缓慢增长的特征；二是产业部门中的行业结构也在发生变化，一些行业如冶炼、钢铁、采掘等日渐收缩，一些新兴行业如电子、计算机、通信等日趋发展；三是各产业部门或行业的技术结构的变化，表现出由劳动密集型向技术密集型转变的趋势。这三个层面的变化，对现代社会的职业岗位结构产生了巨大影响，而高等职业教育正需要设置一些面向技术含量高的岗位的专业，这也正说明了国家为什么越来越重视高等职业教育，高等职业教育为什么得到迅猛发展的原因。

另外，高等职业教育的专业口径可宽可窄，宽窄并存。专业的设置要满足社会的需求，要处理好社会需求的多样性、多变性和学校教育的稳定性的关系。学校一般设置那些有长期稳定人才需要的专业，对那些社会需求变动较大的专业，就可以通过设置口径宽一些，在人才培养后期通过加设专业方向来解决。专业设置口径宽窄的依据主要在于毕业生就业面向的岗位，如面向的职业岗位比较具体，则专业的口径宜窄，如涉外秘书、档案文书等专业；如就业面向岗位群，则专业的口径宜宽些，如现代纺织技术专业。当然，如果是"订单式"培养或者是企业自己办的学校，自然是针对当前企业生产技术的需要和发展的需要而办的，专业面不宜过宽，专业内容则针对性强一些。

二、专业设置的原则

（一）适应需求原则

所谓适应需求，就是指高等职业教育的专业设置必须适应经济、社会的发展和受教育者的需求，使所设置的专业建立在需求的基础上。即专业设置既要以市场需求为导向，根据当地产业政策的要求和产业结构、技术结构的变化开设经济发展、社会进步所需要的专业；又要从受教育者的需要考虑，满足就学者个人的要求。

1. 专业设置必须改以往的"供给驱动"模式为"需求驱动"模式

需求驱动是根本的驱动，是建立在对经济社会客观的分析与科学的预测的基础上进行的，因而具有不竭的动力。供给驱动是"以我为中心"，主观设置，缺乏科学依据，强调"我能做什么，我能培养什么人"，而不考虑"要我做什么，需要我培养什么人"。专业设置如同企业生产一样，不能"我生产什么，社会就用什么"，而应该"社会需要什么，我就生产什么"。这样高等职业教育才能更好地服务于社会。

2. 专业设置还必须兼顾受教育者个人的需要

虽然社会需求是专业设置的前提和依据，但是，只有将社会需求转化为个人需要，才能构成对高等职业教育的切实需求。学习就是为了更好地就业，就业是人们求得生存的重要手段和进一步发展的必要条件。所以，人们大多是有目的地选择专业和学校的。在市场经济条件下，人们追求物质利益的最大化乃是情理之中的事情。特别是在非义务教育阶段，家长和学生在选择某个学校某个专业时，自然会考虑自己的投入将会带来多大的回报。这就要求学校在设置专业时要兼顾教育者本人的要求，同时也要求学校对已设置好的专业要加强宣传，用就业率、社会对该专业人才的需求情况等信息，来引导学生，使个人的需要服从社会、经济发展的需要。

（二）条件可能原则

需要与可能是专业设置必须遵循的原则，在强调需要的同时，也必须考虑可能，即设置专业所具备的条件。师资、教学设施等自身条件，是专业设置的基础，是实施专业计划、实现培养目标的前提。如果学校不顾条件，而盲目设置专业，不仅难以保证培养目标的实现，无法形成办学特色，而且可能影响专业的生命力，造成不良的社会影响。

1. 要有合格的专业师资队伍

合格的专业师资队伍是进行专业教育的保证，也是专业设置必须考虑的重要条件。一个专业应有专业带头人，同时还要有若干名专业教师、实习指导教师，既有数量的要求，又有学科、结构、职称等要求，师资队伍的配备应与该专业招生的规模相当。此外，高等职业教育的师资队伍的特殊要求是，高等职业院校的教师不仅要具备丰富的知识，而且还要知道如何应用这些知识；不仅能够向学生传授知识，而且还要能够训练学生的技能，培养学生运用知识和技能解决实际问题的能力。所以，设置专业时，应该要有"双师型"师资队伍作保证。当然，如果师资队伍暂不具备这个条件，也可采用招聘兼职教师的做法，经过一段时间的办学逐步充实、完善专业教师队伍，形成合理比例的专兼职教师队伍，从而达到专业教学的要求。

2. 要有完善的教学基本条件

教学文件是指导、检查、评估教学质量和人才培养质量的重要依据。因此，专业设置要有必要的教学文件，其中包括专业教学计划、实施性专业教学计划、理论课教学大纲、实践教学大纲及指导书和任务书，同时还要有教材讲义、教学资料、图书资料等。

完善的实验、实训条件是进行专业教学的物质保证。由于高等职业教育中，实践教学在人才培养方案中占有较大比重，因此，高职院校的专业实验、实训场所要能满足培养学生基本实践能力与操作技能、专业技术应用能力与专业技能、综合实验能力与综合技能的要求。

（三）科学规范原则

学校设置专业应首先进行广泛的社会调查，仔细分析现在和今后一段时间人才需求的情况，分析比较这个专业在本地区同类高职院校中开设与发展的情况，要分析开办该专业可能发生的成本，力求在一定的教育投入和运行成本的前提下，取得专业教育的最大效益、最高效率，同时还要注意以下两点。

1. 专业划分要科学

专业划分应按产品结构、生产过程、工艺特征、职业岗位群的要求进行划分、设置。要宽窄适度，既要考虑职业的针对性，又要考虑就业的适应性。如果专业划分得过宽，边际模糊，内涵不清，不仅会影响学生主要专业知识和专业技能的学习，而且还会影响学生毕业后被有针对性的录用；如果专业划分得过窄，只是针对某一职业或岗位，不仅会影响学生相关的、通性的专业知识的学习，也不能保证学生的发展后劲。随着科学技术的进步及社会经济的不断发展，岗位与职业的变化会越来越快，知识面过窄，不利于就业适应性。因此，专业的划分一定要科学。

2. 专业名称要规范

专业名称的规范首先是专业内容的外显，人们一看便能"顾名思义"，即一看就能基本了解专业的培养方向。其次，专业名称要有国内外的通用、通识性。教育部制定了高等职业教育的专业目录，因此，高职院校设置专业时，可以参考这个专业目录。

三、专业设置的程序与方法

（一）专业设置的程序

1. 进行社会调查

高等职业教育要更好地为社会经济建设服务首先体现在专业设置上。有了合理的专业设置，就能保证人力资源的科学开发，使人才满足经济、社会发展的需要，推动产业结构、技术结构和产品结构不断升级与改善，为国家现代化建设和区域经济的发展注入新鲜血液和活力。反之，如果专业设置得不合理、不科学，如未能从经济发展的需求出发，脱离了经济社会发展的实际，就必然造成人才培养的失衡，影响高等职业教育的生命力。因此，为了确保专业设置的科学、合理，必须进行社会调查。

进行社会调查的目的，就是要弄清经济社会、产业结构、技术结构、就业结构的现状和发展趋势，明确今后一个时期当地的产业政策，搞清楚哪些是主要产业、哪些是支柱产业，哪些是新兴产业；此外还要进行人才资源调查，弄清当地人才的分布现状与需求情况，作为人才预测的依据。

2. 组织专家论证

为了防止社会调查中的片面性和认识上的局限性，在确定专业设置之前，必须进行专家论证。所谓论证，就是要对拟设置的专业的必要性、可行性进行科学的分析，内容涉及当前社会经济的发展、专业的分布、学校的师资准备、教学仪器设备场所的准备、教学文件的准备等各方面，通过邀请经济界、企业界、教育界的有关专家，通过反复深入的论证，力争形成一个科学、合理的意见。

3. 进行专业设计

专业名称确定以后，学校应制定专业培养目标，一般应包含职业服务方向和社会职业角色两个方面。要规定修业年限，高等职业院校目前一般为2～4年，3年居多。同时要界定业务范围，根据学生毕业后所服务的职业岗位要求，提出应掌握的专业知识和技能，明确专业教学的主要内容，提出专业基础课、专业课和实训课的课程名称。为了增强专业的针对性，对于专业面较宽的专业可设立若干个专门化或专业方向。

（二）专业设置、调整的方法

1. 新专业的设置方法

设置新专业最容易也最常采用的方法是根据已有的专业基础，设置与学校原有专业相近的专业。这种方法能使新设的专业与已有的专业在课程结构、教学组织、师资配备和设备使用等方面有较大的重合度，使教育资源得到充分利用，也能为逐步扩大办学规模，增强办学后劲，拓宽办学渠道奠定基础。

另一种设置方法是根据社会需求，为使学校能及时地适应经济社会发展，而设置一些与原学校专业性质相去甚远的专业，这种专业的设置虽能较好地满足经济建设的要求，符合家长和学生的愿望，能为学校发展创造新的机遇，但此种设置方法使教育资源重复利用率低，教育成本大，教学管理也较复杂。

2. 旧专业的拓展方法

为了充分挖掘学校的办学潜力，提高办学效益，使已有的专业更好地适应经济、社会发展的需要，学校也往往采取以下方法对旧专业进行改造。一是采用"宽基础、活模块"的方法，在专业设置中分两阶段进行，先按大类划分，不分具体专业方向，学习公共文化科学知识、专业基础知识与技能，夯实专业基础，拓宽专业面，然后根据人才市场需求，再划分具体专业方向。其优点是有利于解决人才预测难度大，社会需求变化快与人才培养周期长的矛盾，既能对人才市场需求迅速做出反应，不断地派生、分化、拓宽、开发新专业，又能保持专业大类相对稳定，提高教育资源的利用率。同时，还可以为学生提供二次选择专业的机会，满足学生个性发展的要求。二是采用"老树发新枝"的方法，在成熟或具有优势的老专业的基础上延伸、拓展形成新的专业。延伸是在具有优势的老专业的基础上或是部分改变专业课的组成，形成新专业，如原有的机械专业可以向"机械制造与控制"，进而向"数控技术应用"方向延伸；也可以强化某些专业课，使专业指向更明确，如"电子技术"专业拓展为"通信技术"等专业。

第二节 高等职业教育的培养目标

一、高等职业教育的总体培养目标

培养目标在教育工作中占有重要的地位，它不仅是教育教学活动顺利开展的前提和基础，同时也是教育活动的归宿。所谓培养目标，就是在国家总的教育目的指导下，各级各类对受教育者的发展方向、教学内容及应达到的规格所提出的要求。培养目标是一个具有系统性、层次性的概念，我国各级各类教育的培养目标构成一个总的目标体系，高等职业教育的培养目标就是其中一个组成部分。

从培养目标的构成内容来看，它是由培养方向和素质规格两个部分组成的。培养方向是指受教育者将应在社会中扮演什么角色，而培养规格是指受教育者的科学文化、专业素质、思想品德、身心素质应达到的规格水平和程度。

（一）社会条件及社会需要是确定高等职业教育培养目标的直接现实依据

职业教育的发展是随着社会的发展而发展的，大工业出现以前的职业教育是以"学徒制"为主要形式的教育，所培养的小生产者既是设计者，又是制造者。大工业出现以后，由于生产日益依赖于科学理论的指导作用，需要造就一批掌握科学理论并能把理论应用于生产实践的技术人才。于是，以"学徒制"为主要形式的职业教育开始演变为两种基本类型的教育：一种是培养产品设计、开发、研究和企业管理人才（即现在的工程师类人才）的高等技术教育；另一种是培养直接从事产品生产制造的技术工人的职业教育。此后，随着生产技术的飞速发展，再次对工程技术人才的结构提出了新的要求。这些要求是：一方面，科学理论对生产技术的指导作用进一步广泛和深入，企业越来越需要专门从事理论研究的人才，培养工程师一类的教育偏重向理论方向发展；另一方面，随着产品结构、精度、质量等要求的提高，培养技术工人的教育也进一步向具体化、专门化发展。然而，科学理论并不能直接转化为工人的技术操作，不能直接变成生产和产品，必须有一种人才作为桥梁，才能完成这种转化，这类人才的培养通常由中等和高等职业教育来完成。

有关专家认为，社会人才大致可分为：学术型人才、工程型人才、技术型人才和技能型人才。学术型人才从事发现和研究客观规律的工作；工程型人才从事与为社会谋取直接利益有关的事业的设计、决策、规划等工作；技术型人才和技能型人才是在生产一线或工作现场从事为社会谋取直接利益的工作，只有经过他们的努力才能将工程型人才的设计、决策、规划等转化成物质形态（产品、工程）或者对社会产生具体作用。技术型人才与技能型人才区别在于前者主要应用智力技能来完成任务；而后者主要依赖操作技能来进行工作。

事实已经证明：劳动者的素质和科技创新能力不高，已经成为制约我国经济发展和增强国际竞争力的一个主要因素。我国既需要培养一大批从事科学研究、工程规划设计的人才，也需要培养一大批在生产第一线从事施工、制造等技术应用工作的专门人才。没有这样一批擅长工艺技术、生产组织和经营管理的人才，即使有最好的研究成果，一流的产品设计，也很难制造出在国际上具有知名度的一流产品。高等职业教育正是顺应了这种要求而得以蓬勃发展，高等职业教育以培养适应生产、建设、管理、服务第一线需要的高等技术应用型人才为根本任务。

（二）直接针对社会所需的职业岗位是高等职业教育培养目标的特点

我国高等职业教育的培养目标要在马列主义关于人的全面发展的理论指导下，依据我国社会主义事业对建设者和接班人的要求，同时遵循学员的身心发展规律来制订。具体地讲，就是要依据我国的教育目的，培养德、智、体、美全面发展的社会主义建设者和接班人；要依据我国高等教育的普遍要求，培养具有独立工作能力的专业技术人才和管理人才；要依据社会就业市场对人才的要求，培养社会主义市场紧缺又急需的人才。高等职业教育作为我国高等教育的组成部分，在培养目标上，同其他类型的高等教育自然有着共同的地方，如培养社会主义建设者，培养德、智、体、美全面发展的专业人才等，但是除此以外，它也有着自己的特点——直接针对社会职业岗位。高等职业教育要求培养的学生毕业时就已是职业岗位的合格就业人员，他们能顺利地履行岗位职责，承担各项本职工作，完成各项工作任务。高等职业教育强调人才使用的时效性，毕业生一上岗就能独立地开展工作，基本不需要适应期。教育部《关于以就业为导向，深化高等职业教育改革的若干意见》中指出：高等职业院校要主动适应经济和社会发展需要，以就业为导向确定办学目标，找准学校在区域经济和行业发展中的位置，加大人才培养模式的改革力度，坚持培养面向生产、建设、管理、服务第一线需要的"下得去、留得住、用得上"，实践能力强、具有良好职业道德的高技能人才。

高等职业教育的培养目标要求其人才质量应符合以下几个方面：一是具有形成技术应用能力所必需的基础理论知识和专业知识；二是具有较强的综合运用各种知识和技能，解决现场实际问题的能力；三是具有良好的职业道德，爱岗敬业、艰苦创业、踏实肯干、与人合作的精神，安心在生产、建设、管理、服务第一线工作；四是具有健全的心理品质和健康的体魄。

（三）高等职业教育的人才定位符合世界教育改革潮流

联合国教科文组织教育统计局编写的《国际教育标准分类》（以下简称ISCED）是通过对许多国家的教育情况做了大量调查后所制定的教育统计标准。自1958年联合国教科文组织第10届大会通过关于国际教育统计标准的建设以来，已对ISCED修订多次。经过30多年实践，联合国教科文组织在第29届大会上通过了1997年ISCED的新版本，充分反映了近年来所取得教育实践的新经验，特别是高等职业教育的新经验，首次对高等职业教育的标准做了十分精辟的叙述，这对我国发展高等职业教育，特别是高等职业教育与世界的接轨有十分重要的指导意义。

在 ISCED 中，各类课程计划被分成若干教育层次，其中第 0 层次为学前教育，第 1 层次为初等教育，第 2 层次为初级中学教育，第 3 层次为高级中学教育，第 4 层次为非高等的高中后教育，第 5 层次以上都是高等教育。在 1997 年版本的 ISCED 中，一个全新的观点是把高等教育区分为 5A 及 5B 两种类型，在 ISCED 第 83 及 84 条中，5A 是"理论型的为研究做准备（历史、哲学、数学等）或可从事高等技术的专业（医学、牙科学、建筑学等）计划"，可理解为培养学术型及工程型人才的普通高等教育；5B 是"那些实用的、技术性的、适应具体职业的计划"。ISCED 第 89 条更加明确了 5B 的教学内容是"面向实际的，适应具体职业的，其主要目的是让学生获得从事某个职业或行业或某类职业或行业所需的实际技能和知识"。很明显这类人才正好符合高等职业教育的培养要求。

二、高等职业教育的专业培养目标

高等职业教育专业培养目标是高等职业教育培养目标中的下属目标，它作为教育活动的第一要素，最直接地为教育者和受教育者双方指明活动方向，具有预定发展结果的目标导向和激励调控功能以及为教育评价提供依据的价值尺度功能。它承上启下，一方面要体现国家的教育目的、层次、科类目标的共同要求；另一方面，直接指导专业教学计划，组织课程体系。此外，专业培养目标给受教育者一个比较明确的目标，引导受教育者朝着预定方向努力。因此，专业培养目标的设计在专业建设中占有重要地位，专业培养目标应该具体、清晰。

（一）高等职业教育专业培养目标的构成要素

高等职业教育专业培养目标应包括两个方面的内容：一是培养方向，这是由职业教育的性质和任务所决定的。二是目标的构成结构，这是制订培养目标的核心问题。教育作为一种有意识地培养人的社会活动，不仅仅给受教育者传授一些知识，形成某些能力，更重要的是培养一种良好的综合素质。一个专业培养目标实现的过程，实际上是学生掌握知识的过程、形成能力的过程、养成素质的过程。知识、能力、素质是专业培养目标的构成要素。

1. 知识结构

所谓知识是指人类在改造世界的实践中所获得的认识经验的总和。知识结构就是人类知识内化到个体头脑中所形成的类别、数量、质量及相互联系。合理的知识结构是综合素质形成的第一个过程，是良好综合素质的基础。高等职业教育专业的、合理的知识结构应满足现代社会对技术应用型人才的需要，体现出高职教育的特点。这个结构主要由科学文化知识和专业技术知识合理结合而成。

（1）科学文化知识：科学文化知识的范围广泛而丰富，涉及的学科门类很多，包括人文、社会科学基础知识，自然科学基础知识及方法论知识，其中有的与专业有关，有的与专业无直接关系。它们是形成学生合理的知识结构及良好的科学文化素养必不可少的组成部分。

人文、社会科学基础知识包括哲学、政治学、经济学、法学、历史和文学艺术等学科的知识。它们是形成学生良好的政治思想素质和人文素质的知识基础。虽然由于精力所限，对各个学科的知识不可能全面掌握，但对其基本概念、基本原理及基本方法应有所了解，这是陶冶性情、提升文化品位的需要，也是促进受教育者德、智、体全面发展所应具备的精神资源。

自然科学基础知识主要是指数学、物理、化学等基础学科在高等教育阶段的基本概念和基本事实。它对于学生深刻领会专业知识，掌握专业技能起着基础性的作用。

在自然科学、社会科学的发展过程中，一方面形成了各门学科的"实体性"知识；另一方面也抽象和概括出分析解决问题的方法论知识。方法论知识有助于培养跨学科移植概念和方法的能力及创造性地解决问题的能力。随着科学技术的发展，知识更新越来越快，人们迫切需要一种查询、检索、储存、调用知识的有效方法，掌握方法论知识也是培养学生的综合素质、促进学生全面发展的要求。

（2）专业技术知识：一般认为，科学是回答是什么和为什么的知识，着重对自然界现象和事物的本质与规律加以描述；专业技术则是回答做什么和怎么做的知识，着重于把科学知识运用到各种人类活动中解决实际问题，实用性、定向性强。在处理专业技术知识时，有一对矛盾是必须认真探讨的，那就是针对性和适应性的矛盾。作为职业教育，它必须要针对一定的职业范围，学生不可能被培养成通才；作为高等教育，它又必定要与职业培训区别开来，要求学生除能上岗工作外，尚需有较强的适应性。

当前，科学技术的发展迅速，职业岗位及其内涵的变动也非常频繁，对高职人才适应能力的要求也越来越高。高职毕业生不能只适应在一较狭窄的职业领域中工作，应该有就业弹性，不会因岗位内涵的变化而失去自身的工作能力；应该具有专业的可持续学习的基础。要满足针对性和适应性两方面的要求，专业技术知识应有合理的结构。专业技术知识大体可分为两个层次：一是一些是相近专业的共同基础知识，二是一些与毕业生的具体工作直接有关并频繁应用的知识。对于前者应力求扎实掌握，对于后者则应注重精选内容，让学生领会蕴含其中的具有普遍性的思想和方法，这样才能以稳求变，保证毕业生应对不断变化的挑战。

2. 能力结构

能力是指顺利完成某项任务的心理特征，是个体从事一定社会实践活动的本领，它是在合理的知识结构基础上所形成的，是多种因素的综合。和知识相比，能力不仅是存储在头脑中，更重要的是体现在活动中。它抽象、无形，一旦形成后不易失去。合理的能力结构是从事职业、适应社会、寻求发展的基本而关键的条件。能力包括以下几个方面：

（1）专业能力：专业能力是指专业领域内从事生产、经营、服务等职业活动所需要的能力，它是知识和技能的综合。专业能力在整个能力结构中处于核心地位，它是劳动者胜任工作、赖以生存的本领。

（2）方法能力：方法能力是一种发展能力，它是指从事职业活动所需要的工作方法和学习方法，它包括科学的思维模式和基本技能。科学的思维模式不仅是从学习方法论的知识中直接得到的，更是从其他知识的学习和实践中感悟到的，它可以形成解决问题的思路。基本技能是一个受过一定教育的人为适应现代社会生活必须具备的技能，它是发展能力所必需的，是方法能力的基础，主要包括阅读技能、写作技能及计算机操作技能等。

（3）社会能力：社会能力是指从事职业活动以及生活在社会中所需要的行为能力，包括人际交往、公共关系及社会责任等，它既是基本的生存能力，又是基本的发展能力。社会能力是开放社会中人的必备能力，是职业教育培养目标中的应有之义。

3. 素质结构

素质是指在先天生理的基础上，受教育、环境的影响，通过个体自身的认识和实践，所养成的比较稳定的身心发展的基本品质。素质与知识和能力相比，层次更高。培养以创新精神和实践能力为重点的良好的综合素质是素质教育所希望达到的目标。一般认为，知识是能力的基础和前提条件；能力是知识的抽象和内化；素质则是知识与能力的升华和高层次上的再现。素质比知识和能力涵盖的范围更广，由于它是多种品质的内在结合，因此难以割裂开来。

（1）科学文化素质：科学文化素质与前面分析过的知识结构中的科学文化知识相比，主要差别就是素质是内化了的并且是能够再现出来的，它已经超越了知识形态，而成为思考问题的思维模式、解决问题的能力和方法。科学文化素质在人的素质结构中占有基础性的地位，是形成良好的社会适应能力所必需的，同其他高等教育相比，高等职业教育的学生这方面的素质较差，因此加强科学文化素质的培养应是高职教育培养目标的重要内容。

（2）专业素质：专业素质是专业知识与专业能力的综合与升华，包括对新技术的接受和理解力、职业的适应能力、质量意识、安全意识、时间观念、经济观念、提出合理化建议的能力等等。专业素质是高等职业教育培养目标中的核心素质要求，是区别其他高等教育的主要特色，培养目标应突出专业素质的特点。

（3）思想品德素质：思想品德素质是各类教育普遍要求的，它包括：要具有科学的世界观和人生观，共产主义的远大理想，正确的价值取向，辩证唯物主义和历史唯物主义的立场和观点；要有坚定的政治立场，遵循以经济建设为中心，坚持四项基本原则，坚持改革开放的基本路线；具有爱国主义和集体主义的情感，能用社会主义道德要求自己，具有良好的社会公德。除此以外，高等职业院校的学生还应注意养成正确的劳动态度和良好的劳动习惯、集体主义和团结协作精神、高尚的职业道德。

（4）身心素质：良好的身心素质是高职学生能够完成学业以及胜任将来所从事职业的基本保障。身心素质包括身体素质和心理素质两方面。没有健康的体魄，许多技能特别是对体力要求较高的技能就难以发挥。没有良好的心理素质，在实践中运用知识、发挥技能时，能力就会大打折扣。良好的心理素质同时也是塑造一个健全的、全面发展的人的一项必备素质。

身体素质指人体的结构和机能状态素质。它是人们完成其他活动的基础。高职学生应达到国家体育锻炼标准中该年龄段的要求，培养健康的体魄。

心理素质是指认识、情感、意志和个性等素质的综合。随着我国改革开放的深入，社会不断发生变迁，生活节奏加快，竞争加剧，许多由心理素质引发的问题凸现出来，高职教育要培养学生具有良好的情绪、健全的意志、和谐的人际关系、正确的自我观念、适度的行为反应、完整统一的人格和积极的社会适应力。

（二）高等职业教育专业培养目标的构建

一个专业的培养目标一定是一个可以落实的培养目标，这不仅表现在目标的定位合理，也表现在其要求是明确清晰而不是含混模糊的。为此，必须将培养目标逐层分解，对知识、能力、素质等各类目标都要统筹兼顾、综合规划，使其在目标体系中各占应有的地位和比重，并且有计划、有步骤地落实到各个教学环节上。

专业培养目标首先要细化，分解为一套由知识、能力、素质各要素构成的目标体系，然后再分解转化为教学计划中各门课程的目标，再逐项分解到理论性的单元目标、课时目标，或实践性课程的各阶段目标上。在这一细化的过程中，同时构建了专业培养目标和教学目标，专业培养目标的构成在形式上应与教学目标相对应，内容表述上应与教学目标相衔接。

由于高等职业教育培养目标与其他高等教育的差异性，因此，当专业培养目标细化到比较具体的知识、能力、素质时，也表现出较大的差异性。普通高等教育在设计专业培养目标时，其专业的知识、能力、素质要求往往是从学科的角度出发的，适当结合社会用人单位的要求，从基础到专业，按照学科自身体系来确定教学内容。而高等职业教育则是以职业岗位的工作能力为核心，在提出专业的知识、能力、素质要求时，一般是从职业岗位分析出发的，从岗位能力要求中分析出教育培养目标的要求，以必须够用为原则选择各学科的知识。

目前应用较为广泛的高职教育专业培养目标的构建方法是借鉴 CBE（Competency Based Education，以能力为基础）思想与开发课程的模式。

第三节 高等职业教育的人才培养模式

所谓人才培养模式是培养人才的教育模式，是在先进的教育理念指导下，按照培养目标而设计的人才培养的步骤、方法、环节等，同时建立起一套保障机制与质量评价体系，保障人才培养目标的实现与人才的质量。在我国大力发展高等职业教育的今天，研究高等职业教育的人才培养模式的建构其意义十分深远。

一、构建高等职业教育人才培养模式的意义

（一）高等职业教育办学质量的要求

21 世纪的竞争是科技与人才的竞争，我国高等职业教育培养出符合其目标和规格的、满足经济发展、适应社会需求的人才，既是学校工作的主题，也是事关高等职业教育发展和生存的基础。

近年来，随着教育大众化的到来以及国家大力发展高等职业教育，各院校招生的规模不断地扩大，办学条件相对削弱。为了保证高职教育持续、健康、稳定的发展，各院校就必须牢牢把握规模、结构、质量、效益的协调发展，就必须研究教学改革的保障措施、配套政策、资金支持。此时，构建专业人才培养模式，有利于学校在处理各种关系时，把质量放到核心地位，成为大家关心的热点，有利于改善办学条件。

虽然，我国高等职业教育发展迅速，但应清醒地看到，它是在理论、政策、规章以及师资、设备、教材、教学文件等条件准备不足的情况下快速发

展起来的，如果理论研究与规范化建设跟不上，培养的人才没有特色，加之社会认同度不够，那么，高职教育必然会大起大落，不能在社会发展与经济建设中起到应有的作用。此时，构建高职高专的人才培养模式，可以全方位进行改革、重组与建设，推动高职高专办出特色，通过落实以技术应用能力和基本素质培养为主线，建立专业人才的知识、能力和素质结构；建立与专业培养目标相适应的理论教学体系与实践教学体系，落实师资队伍建设，教材建设和实验室、实习实训基地建设规划等，最终保证人才培养目标的实现。

由于社会的发展，科技的进步，与专业相对应的岗位与岗位群也处于一个不断变化的动态系统中，就要求高职教育不断调整专业培养目标和教学内容，不断调整"知识、能力、素质"结构，改革教学内容、课程体系、教学方法与手段，建立高职高专人才培养的动态模式，这样才有利于培养未来国家经济发展所需的各类技术与管理人才，唯有适用的人才才是高质量的人才。

（二）高等职业教育本土化的要求

由于我国高等职业教育发展起步比较晚，事业发展初期，学习和借鉴国外先进的职教思想、职教经验，无疑会加快我国高职的发展。国外提供了许多卓有成效的人才培养模式，如职教界熟知的北美 CBE/DACUM 教育模式、澳大利亚 TAFE 教育模式、德国"双元制"教育模式等。中国是一个拥有五千年文明史的文化大国，历来重视教育，有着丰厚的文化底蕴和独特的教育思想，虽然目前高等职业教育与世界先进水平有差距，但只要吸收和借鉴世界各国优秀的教育理念、教育思想，使之适合本国、本民族的具体情况，坚持国际化与本土化相结合，就可以探索出有自己特色的高职人才培养模式。

事实上，我国教育基础、文化背景、民族传统和经济状况与世界各国有很大的不同，我国的高等职业教育只有在本国现有条件的基础上发展才是最现实可行的。我国教育的基本国情是要求受教育的人多，教育资源不足，各种教育制度特别是职业教育方面的制度尚不够完善、健全，我国的人才培养方案就必须针对这个现实，注重教学评价标准与评价方式的建设。教育中，不仅要教会学生做事，更要教会学生如何做人；学生是在继承中国传统文化与优良传统的基础上去汲取新知识和新技术，要对学生进行谋生与创业的教育等等；这就要求在素质教育与能力培养中加以体现。这些并不是照搬照抄他国的教育模式就可以实现的，它需要创新，建设有自己特色的高职人才培养模式。

（三）高等职业教育自身发展的要求

我国是一个人口众多、地域广阔的大国，人们对教育的需求是多样化的，各行业对人才的要求是多样化的，各地区的发展是不平衡的，因此人才培养的模式也是多样化。构建高职人才培养模式，就是要处理好知识、能力、素质结构的关系。根据专业需求的不同，在基础理论、专业理论教育体系和实践教学体系的安排上，也可有不同的比例。有些专业根据行业发展的需要，基础理论或专业面可以宽一些，以增加专业适应性；而有些专业根据行业的需要，应加大技能性的训练，实践环节的比例应大一些；有些专业因为与企业结合比较紧密，教学安排要与企业的生产实践同步，教学进程就必然有自己的要求等等。具有特色的人才培养模式，有利于形成专业的特色，学校的特色。

长期以来，我国教学及管理方面还存在不少问题，特别是在"以学生为中心"上做得不够，在教学方法上，老师说了算；在考试方法上，学生创新意识得不到发挥；在学习内容上，学生无选择权。随着经济和社会的发展，这个矛盾日益突出，特别是教育成本分担机制对高校办学带来了深刻的思想影响。目前，高等教育实行缴费上学制度，除政府投资外，受教育者本人在上学时也需支付教育劳务的全部成本或部分成本，学校与学生之间的服务与被服务关系就凸显出来，学生既是受教育者又是教育消费者，学校应尽可能提供优质的服务。人才培养的模式必须适应这种形势的要求，课程设置应更加灵活，与现实经济社会发展联系更紧密，就必须实行弹性学习年限、学分制等教学制度，要考虑课程模块化建设，要考虑运用现代教育技术手段，方便学生自学，培养学生的学习兴趣。

发达国家高职教育成功的一个重要方面就是在劳动就业方面有强有力的国家资格框架，行业有职业资格制度，由于职业资格的考核标准不是学校自己确定的，因此，在某种意义上其考核具有客观公正性，也有利于建立高职的社会公认的质量标准。构建高职人才培养模式，深入进行专业教学改革的社会背景、行业背景分析，进行专业人才的社会需求分析，邀请企业、行业专家参与教学改革与模式创建，共同来确定人才的能力要求、评价标准，这在我国目前尚无全面的职业资格标准的情况下，无疑会增加高职教育的社会认可度，有利于培养出合格人才。

总之，人才培养质量的提高，需要一个科学合理、不断适应国内外市场变化，具有特色的人才培养模式。不断研究并构建高职高专人才培养模式，有利于我国高等职业教育的不断发展。

二、高等职业教育人才培养模式的结构分析

在这里有必要先介绍一下课程。"课程"一词有多种解释，"课程这个用

得最普遍的教育术语，也是一个定义最差的术语"，因此，至今还没有一个公认统一的课程定义。人们一般认为，"课程"作为一种培养人的总体改革设计方案，它是教育机构为实现教育目的和培养目标而实施的一切活动及其安排的总体规划，其表现形式主要是根据各种客观要求而制定的一系列方案和文件。这是一个比较广义的课程概念。也可以认为人才培养模式就是课程模式。

中华人民共和国成立前一直沿用"课程"这一概念。中华人民共和国成立初期学习苏联，在教育理论上才改用"教学计划"、"教学大纲"和"教科书"这些比较具体的概念。从范围上看，"课程"与"教学计划"比较接近，"教学大纲"和"教科书"则是课程的另一些具体形式。改革开放以后，"课程"这一概念重新出现在相关的教学文献中。相比之下，"教学计划"等概念更适合于实际工作者，而"课程"概念则更适合于进行学术研究和理论工作者使用。为了引用有关文献及叙说的方便，本书中除涉及学生学习到具体的科目，使用狭义的课程概念外，其余均使用广义的课程概念。

当代科学技术知识的增长是快速的，由于学历教育的学习时间、学习周期的有限性，每个人学习的兴趣和能力又是多样化的，所以无论是高职教育还是其他高等教育的课程设置均使用模块化的方式，采用"活模式"构建不同的课程结构，以适应不同的培养目标。下面就介绍高职教育中常常使用的几种课程模式。

（一）单科分段式课程模式

单科分段式课程是指针对某一特定职业或工作岗位的需要，以学科为中心进行的课程设置，其基本结构分为基础课、专业基础课、专业课（实习课）三段。课程注重学科体系的完整性，关注学科基础理论。课程开发的参与者主要是专家和教师，通常采用比较主观的方法，直接将"人才规格要求"与学科联系起来，把掌握学科知识作为培养对象的能力主体，并在课程实施中，将其作为评价某一门课程乃至学校教育质量高低的标准。因此，单科分段式课程模式又称"学科本位型"课程模式。

由于其过分关注学科知识体系的传授，而忽视学生动手能力的培养，这种课程模式的弊端是显见的。但单科分段式课程模式对高职教育课程设置仍有较大影响，一度被高职院校广泛采用。

（二）"宽基础、活模块"式课程模式

这种课程模式采用了面向职业群集的方式，在课程内容上，采用模块化的组合方式。"宽基础、活模块"的课程结构分为两部分，第一部分是"宽基础"，第二部分是"活模块"。该模式以综合职业能力的形成作为课程目标的核心，认为综合职业能力是由关键能动者谋求发展所需要的高层次能力；从业能力是基本层次的职业能力，是针对某一种职业的能力，是劳动者生存与立足于社会必备的基本能力。"宽基础"侧重于关键能力的培养，"活模块"侧重于从业能力的培养。

"宽基础"是指所学内容并不针对某一工种，而是一个职业群所必备的知识和技能，着眼于学生综合素质与能力，强调通用技能的训练和关键能力的培养。"宽基础"阶段课程也可分为几大板块，比如：政治文化类板块、工具类板块、公关类板块、职业群专业类板块等。为了便于教学内容的组织与更新，每个板块又是由一系列子模块所组成。

"活模块"是指所学内容针对某一特定职业所必备的知识和技能，着眼于强化从业能力，提高学生的就业竞争力。"活模块"课程结构，既有利于学校根据市场变化进行选择，又有利于学生根据个性特点和发展需求进行选择。课程内容的模块化结构，还可使课程内容及时更新，紧跟科技进步。

（三）矩阵式课程模式

这种模式强调以能力作为课程开发的中心，以能力为主线设计课程。典型的做法是 DACUM 方法，DACUM 是英文 Developing a Curriculum 的缩写，它的基本思路是：在社会上挑选若干该专业面向的职业岗位上的优秀专业人员、管理人员，组成一个职业专家委员会，集中几天时间，专门描述岗位的职责、工作、任务，同时分析为履行这些职责，完成这些工作任务，毕业生必须具备的知识、技能、态度等，以及工作中需要用到的工具、设备等，并尽可能描述得详尽、具体。然后，由学校有关教师将职业专家的描述进行分类、归并，并以完成任务为中心将这些知识、技能、态度等基本要素联系起来，形成若干个课程模块；再根据学生的实际需要（有的模块对于某学生来说已经掌握可不再学习，有的模块所对应的某项工作任务，对于某学生的实际岗位来说不作要求，也可不选学）以及模块本身的逻辑顺序、水平等级，做出仅适合于某学生或某一类学生的个性化的课程计划。这种结构运用灵活，职业针对性强，但教学内容较窄。

第四章 信息时代背景下高等职业
教育的课程体系

　　课程体系主要是由特定的课程观（理念）、课程目标、课程内容、课程结构和课程活动方式，以及狭义的课程（实施教育的具体科目）所组成的组合系统。这里的课程体系是指广义的课程概念下高等职业教育目标的确定、功能的发挥的主要载体。课程体系的构建就其实质而言，是一种展开教育、教学等育人活动具体方案的总体设计。因此，课程体系是高等职业院校一切教育工作的核心，课程体系改革是人才培养模式（广义的课程概念下）的落脚点与教学内容和方法改革的出发点。为了引用有关文献及叙说的方便，约定本节涉及的课程均使用狭义的课程概念。

　　自原国家教委正式提出制定并实施了《高等教育面向 21 世纪教学内容和课程体系改革计划》开始，广大高等职业教育工作者，努力实践该改革计划提出的指导思想：坚持"教育要面向现代化、面向世界、面向未来"的方针，遵循高等教育的规律和适应现代高等教育的发展趋势，注重素质教育，重视学生创新能力的培养，注意学生的个性发展、全面因材施教；注重改革的科学性，正确处理好知识与能力和素质的关系、传统教学内容和现代化教学内容的关系、继承与创新的关系、统一性和多样性的关系等；既要大力弘扬我国优秀的民族文化，又要大胆借鉴和积极吸收世界各国高等教育改革的一切先进的、有益的经验和成果，努力促进中国优秀传统文化与世界先进的科学技术和文化的有机结合，勇于开拓创新。经过十多年的努力，我国高等职业教育的教学内容和课程体系相对落后于科技、经济、社会发展的状况有了较大的改观，为 21 世纪初大范围提高我国高等职业教育的教学水平和教育质量打下良好的基础。

第一节 高等职业教育课程体系构建的依据与方法

一、课程体系构建的依据

（一）课程体系与环境相适应

充分体现培养目标和专业规格，适应社会经济发展的需求，反映科学技术发展的现状与趋势，符合学制及学时限制等，是课程体系形成的外部环境依据。环境制约着系统、系统要适应环境。课程体系构建与环境适应主要体现在以下几个方面：

1. 与科学技术发展相适应

当代科学技术发展主要表现出三个方面的特征：（1）发展速度呈加速增长的趋势；（2）既高度分化又高度综合，而又以高度综合为主的整体化趋势；（3）科学技术转化为生产力的速度越来越快。同时，我国经济体制的成功转型、全球经济一体化也深刻地影响了我国的经济运行，社会经济快速发展对人才的素质和能力的要求就更高。随着科学技术以学科为体系迅速发展，科学技术的分工越来越细，高等教育的专业越来越多。人类实践领域的扩展，使许多科技发展是在跨学科基础上进行的，边缘学科层出不穷，综合思维日益显示出重要性。西方发达国家已经开始从东方传统哲学中寻找理论依据，分析与综合的结合成为科技发展的重要特征。因此，依靠高职教育阶段向学生传授所有知识是不可能的。越来越多的学者认为，如果说1996～2000年，随着以IT技术为主导的高新技术的迅速发展，被人们惊呼为知识爆炸时代，那么，2000年以后，则是以各种已出现的新知识、新技术相互渗透、相互结合为主导的发展时代。我国以传授应用技术为主线的高等职业院校，如果采用高度分化的、互不相干的"科学主义"和"专门职业化"课程体系将无法培养出现代社会所需要的高素质的人才。

2. 与产业结构调整相适应

据联合国教科文组织统计，经济发展每20年现存的岗位技能都要有50%被新的岗位技能所代替。社会岗位构成、岗位内涵不断变化的特点，决定了学生在进入高职学习2～4年期间，社会岗位技能平均有7.5%被淘汰。因而反映在教育中，发达国家的高等职业教育专业个数正在减少，而更关注拓宽专业覆盖面。为此，美国、法国的四年制本科职业技术教育，一、二年级都是通才基础教育，夯实基础；三、四年级再选定专业，以专业课为主；共同特点是宽口径、厚基础。

目前我国正在做经济结构调整的工作，国情的特点，决定了我国高职教育更强调专业设置要适应生产力的发展水平。我国人口多，经济发展不平衡，经济转轨还没彻底完成。多数企业不能也不愿意承担职业技术教育经费，更不愿将先进设备放到学校委托进行职工继续教育。因此，高等职业技术教育不可能针对几个企业的具体岗位培养人才。为此，高等职业技术教育的专业设置，不能像发达国家那样，严格按岗位设置，而应针对职业岗位群开设大专业，覆盖面要宽一点，人才的复合性要更强一点，以有利于企业和毕业生的双向选择，有利于毕业生适应变化的岗位需求，拓宽就业面。所以，大类专业、双专科专业应运而生，一年级多开一些共用基础课、拓展性基础人文课，允许在二年级根据个人兴趣和社会需求改变专业。使学生打牢基础，拓宽就业面，具有持续发展的能力，已成为高职教育课程改革的方向之一。

3. 与高职教育的培养目标、人才规格、社会需求相适应

高等职业教育既是高等教育的组成部分、又是职业和技术教育与培训的高层次，是整个教育体系中与其他各类型的教育既有机联系又相对独立的组成部分。在课程体系中，课程类型的选择和不同比例，形成了教育活动的不同性质或类别；课程内容各要素的不同广度与深度形成了各教育的不同层次级别。高等职业教育的课程实质上是在培养目标、人才规格、社会需求等方面与其他类型与层次教育相互区别的具体体现，从而形成了这类新型人才规模培养的需求和条件。只有这样，才会体现出高等职业教育发展和功能的不可取代性。

上海大港高职研发中心所长黄克孝教授曾指出，高职的理论课程中，占主导地位的是技术性课程，它是高职教育课程类型改革的创新之举。发展技术科学并形成一个专业技术体系，是高职教育立足于高等教育、又具高等技术教育特质的课程特色所在。高职的实践课程有明确的行业、专业或工种的社会职业方向要求，是在生产现场的"中间型"或"桥梁型"的、以应用性知识和智力技能为主的、技术性的社会职业群。因而，高职的实践课程具有特殊的地位。

（二）课程体系与教育思想

教学内容和课程体系改革是高等职业教育教学改革中最活跃的部分，而在进行教学内容和课程体系改革的时候，首先遇到的问题就是用什么样的教育思想进行指导以及如何在教学内容和课程体系的构建之中具体实施高等职

业教育思想。目前，高职教学内容和课程体系最集中地吸收并体现了下列高等职业教育思想。

首先，体现了"全人"教育思想。"全人"就是指全面发展的人。培养"全人"既是对人才培养目标的一种规定，同时也是高等职业教育改革的指导思想。高等职业院校中任何教学内容和课程体系的变化都是围绕高等职业教育目标和人才培养规格的变化而变化的。"全人"教育思想对教学内容和课程体系的改革的影响具体体现在：更加注重素质教育，重视学生创新能力的培养，注意学生的个性发展，全面因材施教；强调了"必需、够用"既是高职教育对基础理论（包括公共课和专业基础知识）的基本要求，又是最高限度；减少了过多的专业理论课的比例；课程内容多样化，通过增加选修课的形式来满足学生的多方面需要；改变以往忽视人文教育的情况，人文教育课程、社会科学课程和自然科学课程在课程体系中获得同样重要的地位，使得学校课程结构趋于合理化。

其次，体现了终身教育思想。终身教育思想对教学内容和课程体系改革的影响具体体现在：高等职业教育课程着眼于学生的发展，注重学生学习能力的培养和强调科学方法教育，注重教会学生学习的方法和对学生品格的塑造；强调学生习得知识的心理逻辑和人类获得这些知识的历史线索，获得知识的过程和科学研究方法，以及学生应该掌握的继续学习的技能。高等职业教育课程不单纯追求某一学科知识的系统性和完整性，它打破了传统的学科知识结构，将相近的学科知识内容进行中心构建，形成新的课程体系，突出科学本身的整体性，而不再过分强调学科与学科之间的界限，这有利于扩大学生学业的基础知识面，最大限度地减少过分专业化所带来的缺陷，有利于学生同时接受不同学科知识的熏陶，加强文理学科知识之间的渗透，以弥补"两种文化"之间的鸿沟；普遍压缩了课内教学时数，增加了课外学习的时间，并对学生的课外学习提出了更高的要求；在整个课程体系中增加实践性教学的比重，尤其是理工科类实验教学中，减少了验证性实验，增加了探索性实验和综合（组合）性实验，提高了学生的动手能力和创造能力。

再次，体现了教育国际化思想。教育国际化是现代科技发展和信息化社会的产物，它对我国高等职业教育课程改革具有深刻的影响。教学内容和课程体系改革中也出现了国际化的倾向。如大胆借鉴和积极吸收世界各国高等职业教育改革的一切先进的、有益的经验和成果，CBE 理论、"双元制"等职业教育思想或模式下的课程体系得到广泛的移植和应用；重视和加强外语与计算机课程教学，大多数学校提出了外语和计算机教学不断线；在文化素质教育中开设了世界历史文化、外国文学导读、西方哲学史、当代世界政治经济与国际关系等课程；在财经、法律、管理等专业方面开设的课程也尽量与国际接轨，有些课程还采用了外文教材。

（三）课程目标与实现取向

课程目标是课程在一定阶段力图达到的教育目标，是通过课程实施（即教学）所要完成的指标体系，包括课程总体方案（教学计划）中的培养目标以及分科标准（教学大纲）中的分科目标两个层次的内容。课程目标具体地指示课程的进展方向，标示课程的范围、提示课程的要点，决定课程内容的选择和组织，指导教学价工作，是实现课程宗旨的重要保证之一，是课程的基本要素。高职教育的课程目标引导着高职教育的过程及其结果的总的方向，使其发挥着与其他教育类型和层次所不同的功能。

1. 高职课程目标的价值取向

（1）"行为目标"取向，"行为目标"是以特定的外显行为方式陈述的课程目标，它指明整个课程活动结束后学生身上所发生的行为变化，阐明学生应该做什么，要达到什么程度，以对行为的控制为核心。"行为目标"的基本特点是目标的精确性、具体性和可操作性。"行为目标"具体、明确，既便于安排教学过程，也便于准确评价和有效控制教学过程。为了对人的行为进行有效控制，可以对目标进行分解，使之尽可能具体、精确，从而使其具有最大限度的可操作性。课程目标来自对广泛的人类经验和现有社会职业的分析，其关注的焦点是具有工具性和效用性的基础理论知识和基本操作技能。高等职业教育课程开发活动应体现相关职业的专业知识要求和操作技术要求，这种要求实际上由一系列具体、明确的特定职业岗位能力要素所组成。因此，高等职业教育课程目标的制定以培养学生掌握特定职业岗位能力要素为旨归，由分解的行为构成要素组成整合的行为能力，正是"行为目标"取向的追求所在。

（2）"展开性目标"取向："展开性目标"是在教育情景中随着教育过程的展开而生成的课程目标。它是问题解决的结果，是人的经验生长的内在要求。"展开性目标"最根本的特点就是过程性，它是针对"行为目标"的不足而发展起来的。"展开性目标"否定预定目标对实际过程和手段的控制，对学生和教师在课程活动中的主动性表现出应有的尊重。"展开性目标"取向的基本宗旨是通过活动过程培养学生获得以知识体系为支持的批判性和创造性的思维能力，这是使学生进入"知识本质"的过程。在这个过程中，学生获得了灵活运用知识的能力，即获得了运用所掌握的理论知识解决实际问题的能力。

高等职业教育旨在培养具备足以指导技术应用和解决技术问题所必需的理论知识的人才，这类人才的特质在于具有较强的理论联系实际的能力。这种能力实际上就是综合运用理论知识来解决职业岗位中技术问题的能力。解决问题的能力主要依赖于大量的经验性知识（或实践性知识）和隐性知识。由于这种知识具有对现场情景的依赖性和综合性，所以它总是与一定的工作情景联系在一起，既不能仅仅通过理论知识的学习获得，也无法借助"行为目标"预先设定，而是通过学生在具体活动过程中随着问题的不断解决逐渐积累形成的。随着活动的持续展开，学生解决问题的能力也在不断提高，而这一点正好与"展开性目标"的追求相吻合。

（3）"表现性目标"取向："表现性目标"是指每一个学生在与具体教育情景的种种"际遇"中所产生的个性化表现。"表现性目标"取向只为学生提供活动领域，至于结果则是开放的，强调学生与教育情景的交互作用，把课程视为发挥学生主体性的过程；强调学生的个性发展和创造性表现，因而它又比"展开性目标"取向更进了一步。由此可见，"表现性目标"取向在培养学生的个性发展、创造精神以及人格陶冶等方面比较适宜。

随着终身教育、继续教育、可持续发展等观念的确立，高等职业教育开始从生涯规划的角度关注学生的全面发展，即注重把学生的智力、体力、情绪、伦理各方面的因素综合起来，使其成为一个完善的人。相应地，高等职业教育课程开发呈现出由学科本位—能力本位—人格本位发展的趋势。这种发展态势说明，当代高等职业教育课程开发的一个重要指导思想，就是要把高等职业教育从培养单纯的"技术劳动者"变为"技术人文者"。这种课程理念客观上要求将以人为本的思想贯穿于高等职业教育课程开发的全过程。人格为本的课程观的重心在于培养学生的主体意识和创新思维，以充分挖掘学生的潜能，因而人格为本的课程目标必然注重学生个体的心智活动，这恰好与"表现性目标"取向关注学生在课程实践中表现出的复杂的智力性活动相一致。因为这种智力性活动往往是学生凭借已有的知识和技能所进行的创造性活动，所以这种活动不仅使学生的综合能力、创新能力、个性等多种素质得到培养，而且可以使学生的职业意识、职业态度、职业探究能力得到锻造。尤其在培养创业意识、创业能力成为世界各国高等职业教育共同追求目标的今天，"表现性目标"取向所蕴涵的意义更得到了彰显。

2. 课程目标多元化与兼容性

高等职业教育与生产具有直接性的关系，不仅要求高职教育课程目标更为符合生产一线的实际知识、技能和态度以及能力培养，还要求能及时反映生产一线的变化。由于"中间型"、"桥梁型"人才在实际工作中的人员类型与层次界限的模糊性，高职教育的课程目标要远比其他类型高等教育种类多、层次复杂、变化快。

从三种课程目标取向的实质来看，"行为目标"追求的是具有控制本位思想的"工具理性"，关注的是简单的外显行为，在训练学生掌握具体的知识和技能方面比较适合，但人的许多心理活动很难用可观测的行为来预先具体化、分解化，所以它难以涉及复杂的心智活动。"展开性目标"追求的是注重过程的"实践理性"，在培养学生解决问题的能力方面比较有益，但对教师和学生的要求较高。而"表现性目标"追求的则是"解放理性"，在培养学生的自主性和创造性方面比较有效，但在现实中却很难保证使所有的学生都达到课程目标的基本要求。由此可以看出，从"行为目标"发展到"展开性目标"，再发展到"表现性目标"，并不意味着"展开性目标"和"表现性目标"否定了"行为目标"的合理性，而是基于更高的价值层面追求对"行为目标"取向的超越与完善。鉴于"行为目标"只能培养学生较低层面的素质，因而要用高层次的"展开性目标"和"表现性目标"整合"行为目标"，使之为学生的全面发展服务。

就高等职业教育而言，"行为目标"有利于培养学生掌握特定职业岗位或岗位群的基础理论知识和基本操作技能，"展开性目标"有助于培养学生解决实际问题的能力，而"表现性目标"则有利于培养学生的创新能力、职业探究能力以及职业意识、职业道德、个性品质等综合素质。传统的职业教育大多采用的是"行为目标"取向，但在普及终身教育思想的今天，高等职业教育培养目标的基点应立足于学生今后的可持续发展上。不仅要为学生掌握各种技术奠定牢固的知识基础，而且必须培养学生的心理功能并激发其创造精神，帮助他们理解一些科学原理并训练他们具有应用这些原理的能力，帮助他们掌握普通的技能并鼓励他们对工作持有一种积极的态度和良好的工作作风。

高职教育作为一种高层次的职业与技术的继续教育和培训，它的课程目标不能只局限于正规的学历教育，必须实施学历教育与非学历教育、正规教育与非正规教育、学校教育与短期培训、文凭与证书多元目标并举，以满足社会和个体发展的多种需要。在知识经济时代，随着各行各业生产技术的不断提升和综合，高职教育课程还不能仅限于培养行业相关素质，而应考虑培养对象素养的自主、充分的发展，以提高个体的适应能力和发展能力。高等职业教育课程目标的价值取向由单一的"行为目标"向"行为目标"、"展开性目标"和"表现性目标"多元整合的方向过渡，实质上就是科学主义与人文主义相结合的发展趋势在高等职业教育领域中的折射。这体现了职业教育领域对人的主体价值和个性解放的不懈追求，反映了时代精神的发展方向。高职教育课程目标的多元化和兼容性是反映这一时代特征的必然特点。

（四）课程功能与价值取向

1. 课程功能的价值取向

高职教育课程功能的价值取向按其发展大致分为三个阶段。第一阶段的价值取向主要是社会本位价值，它是根据社会对劳动力和人才需要来决定，重视用专业性职业规格设计规范课程计划，追求课程的工具性价值。第二阶段的价值取向是把社会本位价值和学校教育本位价值联系起来考虑，追求课程的效用性价值。其动因来自一些人对 CBE 理论的批评，认为 CBE 理论只适应于继续教育、岗位培训，学校的功能应更多地考虑作为一类高等教育的功能。这种批评在客观上促使高职类学校探索如何把素质教育、能力培养与课程的功能有机地结合起来，应该充分地肯定在这方面已取得的显著成绩。第三阶段是将终身学习、终身教育、学生的个性发展、高职教育的可持续发展策略，与学生的中心地位、培养创新精神和技术应用能力等学生本位价值取向有机地结合起来，审视课程的功能价值，追求课程的发展性价值。

课程包含课程的教学，必然反映社会发展的现状和趋势，课程的价值自然以社会本位价值取向为主导，同时必须体现学校教育在人才培养中的特殊功能和作用，应确立实现教育的各种社会本位价值、学校本位价值、学生本位价值取向的有机整合。在课程功能的价值取向上，正在走出单纯围绕生产世界对人的能力与素质要求的思维框架，实现学生职业能力发展与内在精神建构二者的有机结合。为此，高等职业教育从单纯培养学生的职业岗位能力向培养学生的社会适应能力、综合职业能力、创新能力以及情感、态度、价值观等多种素质相融合的方向发展，以追求工具性价值、效用性价值和发展性价值的统一。

2. 课程体系与课程理念的价值取向

课程观（理念）是人们源于哲学、心理学、社会学、技术学、教育学、课程论等方面的原理或主张，进而形成对于课程的基本观点或一般看法。高职的课程理念的确立，是进行高职教育课程体系的开发与改革、构建高等职业教育课程体系时最为核心的理论思考，是高职教育提高质量、办出特色的前提。

高等职业教育的课程理念按我国高等职业教育发展的不同阶段主要有以下三种表述：

（1）职业能力为本位的课程理念：职业能力是指综合的称职的就业能力，包括知识、技能、经验、态度等为完成职业任务所需的全部内容，非技术性的职业素质，职业领域内的职业岗位变动时良好的适应性和所具有的就业弹性、创新精神和开拓能力。

（2）综合能力为本位的课程理念：综合能力可分为综合能力结构与综合能力层次两部分。综合能力结构由专业能力、方法能力及社会能力三大部分组成。专业能力是指从事职业活动所需的职业技能和相应的知识，它既包括劳动者胜任本职工作，赖以生存的核心本领，又包括作为"职业人"应掌握的不同职业领域所需的通用本领；方法能力指的是从事职业活动所需的工作方法和学习方法；社会能力指的是具备从事职业活动所需要的行为能力。综合能力层次又分为从业能力和关键能力两部分。从业能力是指从事一项职业所必备的能力；关键能力是指超现状岗位的适应能力。

（3）素能体系建构为本位的课程理念：这种观点认为应把能力的内涵和能力的培养有机地结合起来，从整体结构、整体功能上进行优化，形成可实施的，并可以不断组合的开放式的有机序列体系。这个体系由知识、能力、素质三部分构成。知识指的是职业领域内的专业知识和专业技能的总和；能力指的是以技术应用能力为核心的从业能力；素质包括基本素质、职业素质、扩展延伸素质。基本素质主要指思想、文化、身心等方面的共性素质；职业素质主要指业务素质、工程素质等诸方面的从业素质；扩展延伸素质主要指继续学习、创造性等方面适应个人和社会可持续发展的素质。

以职业能力为本位的课程观兴起于 20 世纪 70 年代的欧美国家，20 世纪 90 年代初引入我国。这一课程观对改变世界职业教育只重知识传授、忽视能力培养的偏向起了积极作用，是对传统学科型课程的一大变革，它更好地体现了职教课程的特色，也更有利于技术人才培养目标的实现。但是，职业能力终究只是人们改造外部物质世界的一种能力，是人的一种外在发展形势，表现为学历证书和职业资格证书。职业能力始终是与生产世界联系在一起的，不管人们把"能力"理解得多么丰富和宽广，它也无法涵盖人的发展的另一个方面：以道德、情感、信念、意志、人格、自由、审美、价值、理想等构成的精神世界的发展，而这些是人的全面发展目标中极为重要的因素。因此，将职业能力作为高职课程的全部价值所在是有悖于教育宗旨的，是不利于学生的全面发展和学生谋求幸福生活的需要的。职业能力是一个人胜任工作、生活幸福的基础，但它并不能保证其工做出色、生活幸福。因为一个人要能完全胜任工作并充分享受工作的快乐，就应该懂得社会学、历史学、心理学、文学和基础艺术等各个方面的知识。

综合能力观着重从社会角度对劳动者应具有的能力进行描述，这种描述是相对完整的。职业能力观可以看成是从职业教育培养目标的角度对综合能力的另一种不完全的解释。随着人世后我国经济的进一步发展，以及高新技术的广泛应用，一些低技术岗位渐渐消失，智力成分和技术含量高的新型岗位不断涌现，因而职业岗位对就业人员的技术水平和综合素质要求更高，综合能力的培养在高职课程中的地位将更为突出。

素能体系的建构兼顾了社会发展和学校教育两方面的要素，这是因为从教育功能上，社会需要劳动者具有什么能力，学生应具备什么能力，学校怎样培养学生的能力，三者不可相互割裂。高职教育与技术能力、适应就业等关系密切，但它终究还是一种教育，而不是一种训练。杜威曾经告诫过人们："训练不同于教育"，训练"只意味着特定技能的获得，天然的才能可以训练得效率更高而不养成新的态度与性情，后者正是教育的目的"。从知识、能力、素质三者关系上看，知识、素质是形成能力的基础，能力是知识与素质互相作用、协调发展的外在表现。雅斯贝尔斯更为明确地阐述："教育是人的灵魂的教育、做人的教育，而非仅仅是知识的堆积和技能的提高。"如果高职教育只教人"何以为生"的知识和本领，而放弃"为何而生"的内在目的，让人不能从人生的意义、生存的价值等根本问题上去认识和改变自己，抛弃塑造人自由心灵的那把神圣尺度，把一切教育的无限目的都化解为谋取生存适应的有限目的，那它也就"失去了一半的人性，失掉了一半的教育"。从学生形成能力的过程看，能力是在适应社会发展要求和实现学校教育目标的过程中共同作用的结果。因此，在高职课程观的取向上，注重培养和发展学生的职业能力与素能体系建构过程有机结合，是高职课程建设在今后一段时间里的主要奋斗目标。

二、构建课程体系的原则与方法

（一）构建课程体系的原则

1. 适应发展原则

在坚持"教育要面向现代化、面向世界、面向未来"的方针，遵循高等教育的规律和适应现代高等教育的发展趋势的总体前提下，高职课程必须服从于社区或区域经济发展的需要，按照经济发展的规律和产业发展预测，通过市场调查和实际论证后进行，紧紧围绕当地经济、发展走势，按产业构成、产业布局开发设置课程。

2. 素能本位原则

从高职学生的素能体系的内涵出发，处理好知识、能力、素质的层次和类型的关系。知识结构上，着眼于专业相关职业领域内的专业知识和专业技能，强化岗位群内的适应能力和就业弹性；在能力结构上，着眼于以技术应用能力为核心的从业能力；在素质结构上，着眼于基本素质、职业素质，兼顾扩展延伸素质；在能力培养上，重视学生创新能力的培养，注意学生的个性发展、全面因材施教。

3. 复合性原则

高职教育以培养学生的综合能力为目标，使学生具有专业、方法及适应社会的能力。这就要求课程体系构建要遵循复合性原则，即处理好素质教育与职业教育之间的复合，科学教育与技术教育之间的复合，教与学之间的复合，科学知识、社会生活和学生经验的整合，以利于学生在学以致用的同时，能不断适应社会的变化，开发自身潜能；注重改革的科学性，正确处理好知识、能力和素质的关系，传统教学内容和现代化教学内容的关系，继承与创新的关系，统一性和多样性的关系等；既要大力弘扬我国优秀的民族文化，又要大胆借鉴和积极吸收世界各国高等教育改革的一切先进的、有益的经验和成果，努力促进中国优秀传统文化与世界先进的科学技术和文化的有机结合。

4. 统一性原则

最终目标以过程目标为基础，而最终目标的实现，是以过程目标不断实现而动态地完成的。课程是实现过程目标的基本单元，基本单元的有机组合构成了课程体系。过程目标与最终目标相统一的原则，即是指过程目标必须以最终目标为指导，把过程目标的总和转化为最终目标，培养出具有综合能力的人才。

5. 课程体系构建的其他原则

我国高职教育在发展的不同阶段和时期以及面对的问题和需要解决的重点，从不同的角度提出了课程体系构建的其他原则，现从中摘取几种在高职发展历程中有一定影响的原则介绍如下。

（1）选择性原则：国家通过设置供选择的分科或综合课程，提供各门课程课时的弹性比例和地方、学校自主开发或选用课程的空间，增强课程对地方、学校、学生的适应性，以鼓励各地发挥创造性，办出有特色的学校。

（2）全面性原则：把课程建设与专业目标、人才培养目标、学科专业建设和学校的发展紧密联系起来。课程体系建设既要注重不同层面课程群的建设，也要注重教材、大纲、教学计划及师资等多方面的建设，尽量做到全面。

（3）系统性原则：在构建课程体系的同时，构建教学过程和相关实施活动的体系；在建设主干课程的同时，不可忽视非主干课程建设；在注重必修课、显性课程建设的同时，还要加强选修课程和隐性课程的建设等，使课程建设具有系统性。

（4）层次性原则：在确保课程体系构建科学性、整体性和综合性的前提下，努力体现不同类型的课程纵向的层次性；相同类型的课程横向的层次性；课程教学内容体系内部的层次性等。

（二）构建课程体系的方法和步骤

我国在高等职业教育课程体系构建方法方面的研究资料甚少，至今也没有取得共识的构建模式。但通过对众多培养方案的分析发现，我国在课程建设与改革方面取得显著成绩的高职院校，在课程体系构建的方法上有着普遍的相似。这些高职院校的课程开发大致分为三步：第一步进行职业（岗位）分析；第二步进行目标任务分解；第三步构造设置课程（这里主要是指实施教育的科目）。

1. 职业分析

职业分析是以社会需求调查为基础，通常由长期在生产一线工作的专家和技术骨干组建起来的专业建设委员会来进行的。随着社会经济的发展，产业结构的调整造成了职业结构和劳动岗位内容的变化，把握区域经济的发展动态，从实际的需求出发，广泛征集第一手信息资料，是高职课程开发的基础。社会需求调查与分析的过程，实际上也是课程目的、课程目标、课程内容项目、课程结构和课程活动方式的选择和确定的过程，制定课程标准的出发点。因此，高职课程开发前的社会需求调查的范围与深度，制约着后续有关课程体系构建工作的质量和效果。专业建设委员会的主要任务是确定高职专业毕业生面对的职业岗位（岗位群）的业务规格；按岗位任职的先后次序、岗位能力的主次、胜任岗位任职的要求进行确切的定位；提出综合能力与专项能力以及职业道德、敬业精神等方面的职业素质的专业培养目标，为下一步进行目标任务分解奠定良好的基础。

2. 目标任务分解

目标任务分解首先是在职业（岗位）分析的基础上，按综合能力和专项能力要求逐项转变为教学要求，即形成相应的知识、能力、素质的分类结构。其次通过对形成相应知识、能力、素质结构的教学分析，实现由社会需求向教育功能的转换。再次对这些理论教学和技术技能训练目标进行分解，产生理论知识和技术技能训练的各种模块，进而转变成相应的实践教学模块、理论教学模块及相关的教育活动模块。目标任务分解是建立课程教学目标、构建课程的基础。

目标任务分解通常是由专业建设委员会和具有丰富教学与实践经验的专业教师（大部分高职院校由培养方案制定领导小组统筹协调）共同合作来完成的。这样，既发挥了用人单位对职业（岗位）能力及其发展趋势较为熟悉的优势，又发挥了教师对教育教学领域内问题理性思考的专长。

3.构造设置课程

构造设置课程是通过对各理论知识和技术技能训练模块按其性质、功能、内容以及相互间的内在联系的整合，构建课程门类，并按人才培养规格确定各模块教学内容的深度、广度、技术技能熟练程度，完成课程体系初步构建，再按实践教学、理论教学及相关的教育活动各个模块的结构、性质、功能、框架、内容及其先后间的内在联系，进行整体优化设计，完成相应的课程体系的建立的同时，完成课程文件的编制。课程文件标志着完成课程方案设计的阶段工作任务的最终成果的形成。课程文件至少应包括以下内容：课程整体框架及各部分之间关系的说明；每一科目的目标及其具体标准；课程实施条件及教学策略；课程实施结果的评价方案等等。

这一步实际是将教学目标及人才培养规格以教学模块的形式具体化，是高职教育特色的具体体现。课程设置和课程体系构造工作，主要是依靠教学管理相关部门和任课教师来完成的，以便更好地发挥他们掌握教育规律的优势。但同时积极组织广大教师深入学习高等职业教育理论，特别是思想观念的转变，科学合理地设置课程至关重要。

这种方法源于DACUM课程开发方法，它保留了原DACUM方法的精髓，操作性更强，不仅从专业能力方面分解并设置课程，并融入了其他方面的能力和素质培养要求，在突出技术应用能力培养的同时，又强化了素能本位，打破了以学科体系、知识为中心的学科本位的倾向，有利于按新的模式重组课程体系，特别便于综合课程的形成，各学科领域的知识的重组、交叉、复合。在目前没有更适用的课程开发模式的情况下，在DACUM方法理念的框架下，注入新的思维，探讨适合我国高职教育的课程体系构建方法是有现实意义的。

为了克服DACUM方法的狭隘性，更有效地发挥其对课程开发的作用，首先，职业分析的面要扩展：一是从工作过程上侧重分析应具有的专业（技术、业务）能力；二是从劳动组织角度侧重分析应具有的社会能力；三是以职业发展与变化分析对个人整体素质的要求，分析应具有的方法（学习和工作方法）能力。其次，分析的内容范围要扩大：不仅分析专业能力还要分析非专业能力（方法能力和社会能力），不仅分析职业能力还要分析个人素质。再次，在分析方法上要有突破，实现从单一职业的分析、单一专业的分析，向职业群的分析、一组相关专业的分析转化；从静态分析向动态分析转化。

第二节 高等职业教育课程体系的结构

课程体系结构是一个有机的整体，这个整体是一个专业课程的组织与安排、所设置的课程（这里主要指实施教育的科目）之间相互分工和相互配合（联系）的系统架构。它包括课程体系结构、课程属性结构、课程类型结构、课程层次结构。结构决定功能，功能要靠结构优化来实现，这两者的相互作用即构成课程体系优化的系统结构模式。

建立课程体系的系统结构模式，就是要求在进行课程体系改革优化时进行如下两个方面的分析研究：一是分析课程体系形成的环境背景和制定依据，即课程体系形成的科技发展背景、社会经济需求、学制学时制约，以及已制定的培养目标及专业规格；二是分析课程体系内部的结构，即课程体系结构、课程属性结构、课程类型结构、课程层次结构，以及在相应的结构下科学组织各课程的教学内容及学时分配。在此基础上建立与科技发展和社会需求相适应、整体功能最优、结构合理、内容完整的课程体系。

一、课程体系的基本结构

（一）课程体系结构

从掌握的资料来看，课程体系结构以专业纵深即 I 型居多，少数呈现纵条型即 M 型和专业分支型即 Y 型。大多数学者认为，对于高职教育工程类专业 Y 型结构应成为主体结构，对于高职教育经贸类专业"M 型主体 +I 型层次"结构较好。原因有以下几点：一是便于学校教育资源的优化组合和充分利用；二是便于教学实施，有利于将专业的培养过程进行相对时空的划分；三是在同一专业设置几个专门化方向，而这些专门化方向具有共同的基础，这就增加了毕业生的就业弹性，同时也在一定程度上满足了学生的个性发展；四是便于学分制、弹性学制的运用与实施。

（二）课程属性结构

从课程属性结构角度分析，人文型与科技型、理论型与实践型、传承型与创新型、必修型与选修型、显性型与隐性型、分科型与综合型、基础型与拓展型、本土化与国际化等多对范畴所组成的课程属性结构问题都是需要综合考虑的。总体上讲，课程属性结构要以追求和谐性、均衡性和适切性为旨，即做到各范畴内的课程属性结构能够搭配合理、相互支撑、体现特色。这种和谐性、均衡性和适切性的度的把握，取决于社会需求和学生的工作需求、生活需求、学习需求以及由此而产生的培养目标。

许多培养方案中采用"一条线、两个体系"的模式，"一条线"以技术应用能力为主线，"两个体系"为理论教学体系和实践教学体系。有些专业培养方案还设置了素质养成体系，实际上是从课程属性结构角度强化了课程功能。但有人提出建立相对独立、互相联系、又相互交叉的理论教学体系和实践教学体系。这种观点是值得思考的：既然相对独立，怎样互相联系？互相联系的两者怎么会相对独立？另外理论教学与实践教学只是从课程属性的主体上（理论教学为主，还是实践教学为主）进行的划分，是形成技术应用能力的两翼，在整个教学过程中相辅相成，建立实践教学体系是必要的，但不能独立于理论教学之外。

（三）课程类型结构

已有资料中课程类型结构的划分主要有三种：第一种是公共课程、专门课程；第二种是基础课程、基础技术课程、专业课程；第三种是基础理论课程、专业理论课程、专业技术课程。

第二种课程类型结构把整个课程体系按纵向和横向两个方向分解成若干门课程，造成了多方面的不足：一是学科门类繁多，诸多课程内容重复交叉；二是层面复杂，学生在接触了专业课后，才能不断认识到前面课程在专业培养目标中的地位和作用；三是由于课程的学科性，造成了教学中要考虑一定的系统性，一方面加重了学生的学习负担，另一方面课程很难体现针对性和应用性，教学内容更难体现实用性；四是教学过程中的各要素、教学内容之间相互封闭，不能发挥整体功能，使学生只能看到大树，不能看到森林。

第三种课程类型结构忽视了两方面的因素：一是由于支持专业技术的基础理论、专业理论分属各个学科领域，随着技术发展，专业技术中所运用的基础理论、专业理论知识横向复合、纵向交叉，构造课程时，三类课程的知识结构必须有选择地重新整合；二是从课程属性结构上看，培养学生的技术应用能力，既是理论教学内容的主线，也是实践教学的主线，这种划分很难揭示和体现实践教学的特色，实践教学体系内设置的课程属性难以表述。

综上所述，作者认为，在课程类型结构上，应按第一种课程类型结构进行构建。主要出于以下两点考虑：一是公共课和专门课在实现能力培养上各有侧重，公共课涵盖毕业生作为社会人所需的基本文化知识，通过公共课的开设，逐步实现对学生诸如口语表达能力、人机对话能力、英语会话与阅读能力以及意志品德等关键能力的培养；专门课则基本涵盖学生适应未来岗位所需要的专业知识和专业技能，通过专门课的开设，培养学生胜任未来岗位所需的岗位能力。二是考虑到要提高课程的整体效益，各课程的开设要以技术应用能力的培养为主线，从整体着眼，全盘考虑。

（四）课程层次结构

课程内部结构有三个层次：一是体现在教学计划方案的专业定向结构。它反映了在一定学制年限内，学生所面对专业范围的变化和专业方向的选择（如"宽基础、活模块"的课程结构）。二是全部教学科目中不同性质（如以文化课、专业基础课、专业课为区分方式）和不同教学内容要素（如以知识、能力、素质为区分方式）的各科目在纵向（时间纬度）和横向（空间纬度）的排列组合结构（如"三段式"结构）。三是指一门或若干门相关科目中具体课程内容，根据某种方式和准则的编排结构（如综合课程中的具体内容结构）。

高等职业教育的层次决定了高等职业教育课程的层次结构。这必然与高等职业教育本身在整个教育领域的定位层次问题和高等职业教育内部各类、各种人员的教育层次及差异问题有密切联系。

从高等职业教育的定位层次看，高等职业教育是一类教育（职业教育）的高等层次。这就决定了高职课程的定位层次必须是高等教育的课程，通过课程的学习，学生在毕业时应具备高等教育的相关水平。因此，高职课程的层次不能过低，而导致不达标；当然也不能过高，而超出学生的能力范围，应是符合学生实际的高等教育的课程。

从高职内部受教育者的状况分析，高职课程应在高等教育课程的范畴内，有不同的层次和侧重。据分析，在当前和今后的很长一段时期，伴随着高等教育走向大众化的趋势，高等职业教育要以扩大公民接受高等教育机会为主题，要为每一位愿意接受高等职业教育的公民提供合适的课程。事实上，高等职业教育的学生来自多方面，且教育基础是多层次的。这种基础有异（不同生源的学生的职业理论基础、技能基础及实际工作经验各不相同）、来源广泛、目标多样、需求多元、层次不同的受教育者，决定了高等职业教育的课程必须解决好层次结构问题。在课程建设上，课程要具有多种层次，必须提供不同层次、不同侧重的课程。例如，提供继续深造的课程、职业技术培训课程，甚至弥补部分知识、技能、经历缺失的教育课程等等。需要注意的是，每一层次的课程都应体现基础性，为学生的未来发展奠定基础，为终身学习、终身教育奠定基础。

二、课程体系的结构形态

（一）影响课程体系结构形态的因素

课程体系的结构形态是指在一定教育思想指导下，课程体系构建（编制）

所采取的计划方式和所确定的结构形式。影响课程体系结构形态的因素较多，其中以教育思想、专业设置以及办学模式的作用最为直接。

教育目标为单纯针对职业岗位时的课程体系的结构形态与着眼于职业生涯时的课程体系的结构形态是不相同的；建立在职业能力观基础上的课程体系的结构形态与素能构建观基础上的课程体系的结构形态也肯定不会一样。

专业设置的口径当前有三种：职业、职业群和技术。毫无疑问，专业口径的宽窄会极大地影响课程体系的结构形态；专业的技术内涵也会影响课程体系的结构形态。

办学模式是影响课程体系的结构形态的外在因素。当前高等职业教育的办学模式主要有三种：学校本位型、企业本位型和产教合作型。这三种办学模式由于办学主体、教学资源、实施教学的主要场所和进行方式的不同，在课程体系的结构形态上也会产生差异。其他如教育技术应用的深度与广度等也会对课程体系的结构形态产生影响。由此可见，现有职业教育课程体系的结构形态也是多样化的。

（二）常见职业教育课程体系的结构形态

我国台湾职业教育学者罗大涵将当今世界职教课程体系的结构形态归纳为六大类，即单位职类型、职业群集型、阶梯训练型、统合型、职业发展型及概念统整型。

单位职类型课程体系，是指针对某一特定职业需要而编制的职业课程，它是应用职业能力及 DACUM 方法来进行课程开发的。

职业群集型课程体系，系将工作性质相近的若干职业集合为一个职业群，分析该职业群的共同基础理论和基本技能以及各职业的入门技术，加以系统组合而成。课程内容分为三个层次：群集共同知识、群集共同技术与技能、群集中各职业所需的具体入门知识和技能。

毫无疑问，上述两种课程体系的结构形态分别适合于以职业和职业群为基础的专业。

阶梯训练型课程体系，是一种采取分段教学，逐渐向专业化方向发展的课程体系的结构形态，通常将课程分为基础教育、专业基础教育及专业教育三个阶段。这种课程体系的结构形态适合于建立在职业群集或技术基础上的专业。

统合型课程体系是以两种主要的结构形态加以统合后的课程体系的结构形态。群集型与阶梯型的统合是最常见的一种。它既立足于职业群集又实施分阶段教学。这种模式在高等职业教育中应用较多。它的教学计划是建立在职业群集基础上，进行基础教育、专业基础教育与专业教育三个阶段的教学。

有的教学计划在专业教育阶段分出若干个专门化方向，以加强针对性。

职业发展型课程体系以职业发展的四个主要阶段为依据编制相应的课程。这四个阶段是：职业意识、职业探询、职业取向和职业准备。这一模式适合个人事业的发展历程，有助于个人的成长与发展，重视终身学习，强调知识与技能结构的合理性。职业发展型课程体系主要应用于知识、技能更新快，但专业的基础又相对稳定的专业，如信息技术类专业。

概念统整型课程体系强调以完整的概念学习取代零碎知识的传授，以科技发展过程、科技领域和科技要素为基础来构建课程的结构。其特点是重视基本概念与综合知识的教学，强调学生掌握核心知识和技能，尤其重视学科发展的研究方法和技术。概念统整型课程体系的结构形态应用较少。

实际上，高职的课程体系的结构形态也不只是上述几种。国内有不少院校和专家提出了一些模式，如以能力培养为主的"X+1"模组式的课程体系的结构形态，"1"为综合素质课程，"X"为若干个平行的专项职业能力课程模组；又如"问题—方法"课程体系的结构形态，培养学生具备 T 型知识结构，达到"面广技精"；再如"专案和成果为核心"的课程体系的结构形态，还有"基本（必修）板块＋扩展（选修）板块"的课程体系的结构形态等等。各方视角不同，特点各异，新意颇多。在高等职业技术教育的专业设置的基础上以及专业的技术内涵已趋向多样化的今天，局限于一种课程体系的结构形态的实践，不利于高等职业教育教学质量的提高。

（三）两种典型的课程体系的结构形态

1. "递级平台＋方向模块"的课程体系的结构形态

这种课程体系的结构形态是将数种专业集成为一个专业群，或将数种职业集成为一个职业群，或将某一职业下的数种岗位（岗位群）集成为一个大类专业，以下统称为专业群集。以该专业群集所具有的基础性、共同性知识与技能为基础，组合设计课程，可使学生获得几个专业（职业、岗位）知识与技术，以便根据劳务市场的变化来变换自己的职业和工种，增强学生的择业自由度和就业灵活性与适应性。选择相应的职业或继续学习大平台部分是群集的共性部分，它包括不同专业或专业方向所需的共同知识、共同技能，是在对不同专业或专业方向所需的基础课、技术基础课和专业课的教学内容进行重新界定、整合、取舍和拓宽的基础上形成的具有共性意义的课程部分。它要求以职业分析为出发点，对原有专业领域的内容进行统整，取消原有不同专业课程之间的界限，并以培养学生的全新的思维与视界、全面的知识与技能和综合的分析与解决问题的能力及方法为宗旨，在保证知识的系统性、完整性、前瞻性和能力的基础性、延展性的基础上，使学生有较强的工作创造性和社会适应性以及较强的自我完善和再就业能力。方向模块部分是某一专业或某一专业方向特定的知识和技能，是社会需求、学生特长、学校和专业特色、优势的集中体现，它要求增强就业针对性和灵活性，并为学生毕业后上岗做好实际准备。

所有课程呈阶梯式逐渐上升，无论哪一阶梯都始终围绕着职业实践活动从泛到精、由浅到深而开展。为了确保课程的科学性和相对稳定性，设计程序首先是研究职业门类，将一个或若干个社会职业归结为一个职业群，找出具有共性的不同职业，组合成相应的专业群，在此基础上分析它们所需的共同知识与技术以及各自的具体知识与技术。据此设计课程，编写教材，制定教学计划。这样既可以清楚地分辨出支撑该职业的知识与技能，确定相邻社会职业的技能知识联结点，为社会职业归类及职业群的确定奠定基础，同时又为课程体系构建提供依据。随着科学进步、产业结构的不断变化，社会职业出现综合趋势，许多传统的职业逐渐消失，新兴的职业、交叉的职业不断出现，客观上要求职业教育的课程体系构建必须与经济的发展动态相适应。

平台是保证人才的基本规格和层次要求，由学科（专业）的共同知识的课程组成；模块主要实现不同专业方向人才分流培养，由体现专业方向特色的课程组成。分必修课与选修课两类课程，其中必修课包括：公共基础平台课程、学科基础平台课程、专业基础平台课程；选修课包括专业方向模块课程和任意选修课。

（1）公共基础平台课程：主要包括思想道德素质、身体与心理素质、基础知识与能力类课程（如英语、计算机基础、数学、物理及实验、化学及实验、语文等）。该平台作为通识教育基础，对全体专业群集学生统一实施分层次教学，使学生掌握作为一名高素质大学生必须具备的基本知识与技能，为其下阶段进行专业学习打下基础。

（2）学科基础平台课程：主要包括学科基础课、学科主干课、跨学科课程等。这一平台主要是拓宽学生的专业基础范围，增强学生适应性。

（3）专业基础平台课程：主要为专业基础课（含专业英语）及必要的实践环节等。

以上三类课程通常作为学生必须修读的课程。

（4）专业方向模块课程：模块主要体现人才的分流培养，课程包括必要的专业基础课、专业课、专业实习、毕业实习、毕业设计（论文）等。每个专业一般设置至少三个以上专业方向模块，学生根据社会需求和个性发展的需要，至少选择一个专业方向模块，并按要求学完该专业方向模块全部课程，达到合格。

（5）任意选修课：包括公共选修课、跨专业选修课、专业选修课、素质教育系列课等，体现不同学科的交叉与渗透，同时进一步扩大学生的知识面。

（6）实践教学环节：主要包括实验、实习、社会实践、公益劳动、课程设计、毕业设计（论文）、科技研究活动、第二课堂等。

2. "模块化 + 多元整合"的课程体系的结构形态

这种课程体系的结构形态是将课程架构模块化。"模块化"是指为适应专业（或专业群、职业群、大类专业）设置，根据知识、能力、素质结构所设计的课程架构下的单元，以及以职业资格为导向设置多样化的项目单元等（或简称为基本模块）；"多元"是各种课程取适用于该专业"之长"的体系结构、属性结构、类型结构、层次结构部分形态；"整合"是在已相对成熟的课程体系的结构形态（或称为主体模式）基础上或融合或组合或叠加，有机地组合成一种灵活实用的、新型的高职课程体系的结构形态。

"模块化 + 多元整合"的结构模式能很好地适应专业整合与分流的要求。所谓专业整合与分流，是指对现有专业进行整合重组，设置若干专业群（大专业），每一专业群内设立若干子专业（小专业）。招生时按大专业招生，先进行 1~2 年的公共课教学，然后按市场要求及人才需求信息进行专业细分，确定本专业的发展方向，进行专门课教学。其动因是：由于在专业的设置上，计划经济时期一直主张专业应分得细些，对于学生走向工作岗位、尽快进入工作角色有很大的帮助，也可使学生在专业上有一种归属感；20 世纪 80 年代中后期至 20 世纪 90 年代中期占主导地位的主张是专业应分得较粗略，涵盖面要宽些，能使学生更好地适应社会的要求，对学生的就业、工作机会的把握有好处；近几年来，一方面由于在市场经济条件下，行业结构变化周期越来越短，人才市场预测的难度越来越大；另一方面市场和技术的激烈竞争导致对技术和岗位的细化，企业对从业人员的要求越来越专业，由此导致高职的专业设置越来越粗，而专业方向重新出现越分越细的趋势，但在课程体系上是无法回避专业课的设置问题的。现行的课程设置不得不考虑如何具有更宽的专业面向以及相应的知识和技能面；又不得不考虑特定专业或岗位如何面向以及相应的知识和技能细分。

任何课程体系的结构形态都不是一成不变的，只是在一定时期或阶段内反映了社会经济发展的需要、高职教育发展水平、高职教育理论研究与具体实践的现状等部分因素。由于高职教育课程的制约因素众多，课程系统内部的各种动因（主要有学生个性发展、基础教育发展、教育层次高移、学校竞争等）推动着课程发展和课程观的变更；而课程系统外部的各种因素（主要有经济改革、技术进步和社会发展等）的刺激或作用，有时会成为促使课程系统发生变化的重要动因。因此，不仅高职教育课程多样，而且随着每一制约因素的变化其模式的变化也必定是很大的，因而与其他类型的教育课程相比，高职教育课程体系的结构形态需具备极大的应变性。

应变性首先是对有效需求的变化的适应。高职教育课程体系的结构形态只有适应诸多有效需求，才能有效益可言。例如，高职教育要适应发展高技术产业的策略，课程体系的结构形态就要逐步改变低重心模式，要部分高移，发展高等职业教育的更高层次；同时课程要作为增强文化科技基础、专业理论基础的成分，即课程部分智能化的变化以适应发展高层次高职的需要。不仅课程体系的结构形态中内容的成分要变，而且相应的观念、结构等都需作调整和改变。另外，应变性还要求各种高职教育课程有极大的弹性和灵活性，以提高其适应性。课程模块化的趋是这种应变性特点的反映。

"多元整合"也包括课程体系的横向和纵向两个方面：如课程观的多元整合——多元互补、博采众长，建立以综合技术能力为导向的现代高职课程观；课程内容的多元整合——"知识"、"技能"、"态度"三要素中各个成分的多重、多种综合，选择有价值的现代高职课程内容；课程结构的多元整合——综合化、柔性化、阶段化、个性化相结合的课程结构等等。

课程结构的综合化具体体现在：课程的社会需求分析既不限于某一职业岗位，也不限于职业群，而是根据教育对象灵活进行，有时是针对岗位规范，有时是针对岗位，有时是针对职业群，有时是针对职业，有时是整个行业。在确保课程目标具有明确的职业化方向（以培养就职能力为导向）的前提下，吸取各种课程体系的结构形态之长，实现课程结构的综合化和实施课程内容的综合化（通过课程的综合，提高课程设置的效益）。

课程结构的柔性化具体体现在：一是课程在体系、属性、类型、层次上的柔性。由于课程架构的模块化，课程虽然服从于"主体模式"，但它的外在表现形式实际上是一个或若干个基本模块的组合，面向专业的知识、技能与活动等组成的教学单元，或是课程体系中的一个特定的功能模块，在课程体系中往往没有属性、类型、层次上的刚性指向。二是基本模块是涵盖了一个职业群中的几个甚至更多的职业所对应的"大模块"下的部分，或者说课程只是相对于课程体系的一个较小的模块化的架构。由"基本模块"组合成课程的设置环节，可只进行"课程组合策略设计"和"教学策略设计"，使课程设置具有多样性和灵活性，以便学校根据市场需求的变化灵活组合，供学生根据个性特点和未来需求自由选择。

课程结构的阶段化具体体现在：由于课程采取模块化的组合形式，使得教学过程按阶段化安排进程（按基础—定向—专长分阶段实施）和实现学习者方向的个性化（变奉命被动学习为主动个性化学习）；与之相配套，在教学策略方面，实施能充分实现产学研结合的、以学生为主体的"项目制"、"教学做一体化"的教学，以及实施使课程结构柔性化成为可能的以完全学分制为基础的弹性学习制度等等。

"模块化＋多元整合"课程体系的结构形态的实施有一定难度，须具备一些必要条件，如教学制度改学年制为学分制，教学计划的个性化与个性化课程相统一；配套的教学模式和教学方法的改革；教学手段的改善；高质量的教师队伍配备等。

第三节 高等职业教育课程内容体系

课程内容体系是由知识、能力与素质三个基本要素组成的，或者说是由知识、能力与素质结构转化为可实施的教学内容体系。课程内容三要素的各自内涵与比例不同，形成了不同教育类型课程的不同特点，而课程内容各要素的不同广度与深度形成了同一教育类型的不同层次级别。

一、课程的内容与结构设计

课程内容是对知识、能力培养的规定性或定向性的选择，而对素质的培养只是教育者的一种意向性与规划性的选择。课程体系也可以看成是理论知识、技术和技能训练的各种模块以及与各种模块相关的结构、性质、功能、框架的集合。而高职课程内容的结构设计不仅反映了人才培养目标与业务规格的要求，是设置课程的基础，而且还决定着教育教学模式和教育教学活动的方式。

（一）知识、技术与技能的选择

1. 知识的选择

安德森、史蒂芬森、皮肯思等人根据知识的内化程度和知识的功能，把知识划分为两类：陈述性知识和程序性知识。陈述性知识来源于外部世界，是客观事物及其联系在人脑中的反映，这类知识的学习主要依靠理解和记忆。陈述性知识主要用来描述"是什么"或解释"为什么"的问题。这类知识即人们所说的理论知识。程序性知识主要来源于主体的活动，是多次实践的结果。程序性知识则主要用来回答"怎么办"或"如何做"的问题，即经验知识，属于改造世界、改造事物和人的行为的知识，它的对象是实践活动。这种关于改造事物、有效地进行实践活动的知识也就是广义上的技术知识。程序性知识根据其表现形态，可分为两类：一类是技术形态的程序性知识，又称为"技术的知识"。这种知识表现为一套明确阐述的技术规则，它是可以言传的，是那种能在书本中发现或找到的知识，是可以通过测验加以检测的知识。另一类是实践形态的程序性知识，又称为"实践的知识"（或称为"倾向性知识"、"默会知识"等）。这种知识不可能作为一套明确的规则阐述出来，是不可言传的，仅能以实际操作的方式加以表演或演示，表现为对前两类知识的创造、学习和运用程度。可言明的技术知识一般是成熟的、规范化的知识，实践的知识则是在获得一定的客观技术知识的基础上，对个人经验、本土文化及人文知识等融合而生成的一种个人性质的知识。

知识观的不同，突出反映在高职课程的内容上：把程序性知识放在优先位置，则偏重实践和应用的内容，把陈述性知识放在优先地位，则偏重理论和基础的内容。加拿大、英国、美国等国家的高等职业教育观认为，程序性知识与职业领域更为接近，陈述性知识与传统的学术领域最为接近。我国职业教育界最强调陈述性知识，认为陈述性知识是最基本的知识，它是关于基本概念、基本事实、基本原理的知识，从这些基本知识中可以演绎、推导出其他一系列知识。虽然陈述性知识与职业培训的相关性很难确定，但它有助于提高理解能力和分析能力，因而是学习和掌握程序性知识的基础，也是发展能力的基础。

2. 技术的选择

早期的技术大都来自生产或工作的实践经验，是在长期的实践中逐渐养成的，因而这种技术可称为经验技术。工业革命后，由于产品的复杂性及精确度的提高以及产量的增加，使得生产现场必须应用科学原理来进行产品制造及生产管理，出现了技术的科学化，从而形成了理论技术。理论技术是自觉地应用科学原理，并以科学原理为基础的技术。

理论技术的出现是技术内涵的质变，是技术水平的提升。但是，理论技术并不排斥经验因素，二者是相辅相成的。毫无疑问，这里所讲的理论技术是技术型人才必备的，是形成技术应用能力所必需的，而不是理论知识。技术知识可分为明确表征的客观技术知识和默会的实践知识两类。而当前高职教育课程内容的认识论基础主要是客观主义，无论在观念上还是在实践中都明显地存在着将高职课程等同于客观技术知识的倾向。不可否认，客观技术知识在高职课程中占有十分重要的地位，但高职课程仅有客观技术知识是远远不够的，从高职的培养目标与学生自身的发展情况来看，具有个人性质的经验知识在某种意义上比客观技术知识显得更为重要，更能体现高职课程知识的特色。因此，超越单一的技术知识，从注重单一的技术知识到注重客观技术知识和实践知识结合，将实践知识真正纳入高职课程，应当成为当前高职课程建设中在课程知识的选择与组织问题上的一个主要奋斗目标。技术型人才的实践能力是建立在必备理论知和技术基础上的。正如有些学者强调的，不懂得数控原理和相关的机械、电气、传感器等理论知识，怎么谈得上数控设备的编程、调试、维护等实践能力的培养呢？

3. 技能的选择

在具体的工作实践中，人们所需运用的技能是一个由各种技能所组成的连续综合体，但以哪类技能为主体，导致了工作活动的职责、任务和性质的区别。因而课程内容中技能这一要素常常主导着不同类别职业技术人才的养成。技能在课程中随着其种类的差别，还成为导致职业教育与技术教育的性质区别的主要因素。在高职教育课程改革的实践中，认识课程技能主导性特点有十分重要的现实意义。

从教学心理学角度，技能本质上是一套操作程序控制了人的行为，包括外显的身体活动（动作技能）和内在的思维活动（智力技能），也是属于程序性知识概念范畴。按照国际一般的划分方法，将技能分为动作技能和智力技能。而最近英国教学理论家罗米索斯基提出了一种新的划分方法，从另一个角度将技能分为再生性技能和创造性技能。再生性技能的特征是在技能活动中具有重复性质，在运用中没有较大的变化，体现的是一种固定程序式运行方式。而创造性技能的特征是在技能活动中，要制定计划并运用某种理论或策略做出决定，在执行任务时表现出相当的灵活性和变通性。随着技术水平的提高，再生性技能的价值下降，而创造性智力技能的价值在不断提高。同时，计算机等高技术设备的出现，使生产和应用领域的创造性智力技能的要求不断提高。

由于高职教育大都是针对高技术职业岗位的，在岗位技能内涵组成中，创造性智力技能占较大比重。因此，在课程中，要加强创造性智力技能的内容。例如，在实验课中应强调创造性实验技能训练（如设计性实验、排障性实验）；在毕业设计中，应尽量选用真刀真枪课题，以加强创造性智力技能训练的力度；在某些课程中，应削减再生性智力技能的训练时间，如高等数学中的求导、积分等运算，而应用更多时间训练学生从实际问题中建立数学模型的能力。强调技术型人才所应掌握的主要技能是创造性智力技能，这不仅是要在技能性质上把高等职业教育与中等职业教育、职业培训区别开来，避免在加强技能训练的正确要求下，产生技能培养错位现象（这种现象在当前高职教育中已经存在）；更深层次的原因，是要为技术应用型人才的创新能力打下基础。

（二）课程内容结构设计模式

在目前的高职课程中，根据理论教学内容与实践教学内容之间的整合方式和整合程度，把高职课程内容结构设计大致划分为准备型、交替型、渗透型和双元型四种由低至高的整合模式。

我国传统的高职教育在课程内容结构设计上，主要采用是准备型整合模式。由于受教育观念、教学模式、师资、教学设备、与企业的结合度等因素的影响，课程内容结构设计的出发点，是希望前面的文化基础课学习为后面的专业理论学习做准备，而专业理论学习又是为后面的实习做准备。这种"准备型"的课程内容结构整合模式，很容易造成理论与实践的脱离，因为这种"准备"只存在于教师头脑中（或教学计划的层面上），学生并不能深刻地认识到这是在做准备。这种高职课程内容结构形态，理论与实践几乎完全处于相对隔离状态。

在打破原有学科型教学体系、强化"能力为本位"的课程观、加大实践教学环节的历史背景下，我国高等职业教育界提出了"一条线、两个体系"的课程内容结构设计的双元型整合模式。即一条线为技术应用能力为主线，两个体系为理论教学体系和实践教学体系，有些专业培养方案还设置了素质养成体系。双元型整合模式在主观上强化了职业能力的培养，但在客观上容易出现理论教学与实践教学两张皮的现象，形成理论教学体系与实践教学体系的"二元化"。

美国、加拿大、德国等国家的社区学院的课程内容结构设计，一般是建立在"合作教育"人才培养模式基础上的，大多数采取的是渗透型整合模式，或交替型整合模式。德国在"双元制"培养模式下，"一年三学期工学交替"的教学制度决定了在课程内容结构设计上采取交替型为主的整合模式。这些学院并不刻意搞大而全的学生实习场所，只配基本的实验、实训设备，学院内实施的大多数课程是理论与实践一体化的，实践教学渗透在课程教学之中；即使是理论教学为主的课程也渗透相关的技术、技能训练。每学期均安排定向的专业实践活动；实践教学主要在行业和企业进行，并渗透必要的理论知识和技术学习。专业课程一般由企业的兼职教师、专业技术人员任教。我国许多高等职业技术学院在实施合作教育模式方面也做了大量的、卓有成效的尝试，这些合作教育模式的基本特征是学习与工作相结合，即学生每学年经过一个阶段学校系统学习后，以"职业人"的身份主动到校外顶（定）岗工作，并结合工作需要进行自学。在课程内容结构设计上，也相应汲取了渗透型整合模式和交替型整合模式的某些长处。

高职课程内容和它的结构设计最能体现人才培养的应用性特色，理应受到重视。随着高职教育教学改革的进一步深入，形成了一批理论上有突破、实践上有创新的，适合我国国情的高职课程内容和它的结构设计模式。如南通纺织职业技术学院初步形成的"产学研"相结合、"教学做"合一的技术应用能力培养模式，改变了理论教学和实践教学分离的局面，努力做到理论教学与实践教学相结合，专业技能与技术应用相结合，实践教学与科技开发相结合，形成与理论教学和实践教学相互融合的教学体系，在更高的层次上实现理论与实践教学的一体化。

高职课程内容的结构设计模式由一元化→二元化→多元化→一体化回归是当前我国高职课程内容结构设计模式改革与研究的方向。在此框架下，提倡理论、实践并重的原则，根据讲究实效、讲究需要与可行，淡化理论、实践教学的界限，通过缜密设计、精心组织，使各项实践教学活动落到实处。在课程形式上，由必修课、选修课和各种途径及各种形式的教学活动课程相结合。在课程内容与结构的整体上，充分注意到理论课程涵盖的知识先后顺序；实践教学课程（环节）应贯穿于专业教学的始终，并与理论教学体系紧密配合，相互交叉、互相渗透、互相弥补、互相促进；技能训练的课程（环节）在整体安排上从简单到复杂、从单一到综合、从操作技能向心智技能发展。

二、高等职业教育课程内容的特征

相对于普通高等教育课程内容而言，高等职业教育各专业的培养目标和业务规格要求直接面向岗位或岗位群，努力使培养的学生达到直接上岗、顶岗的要求，这是高职毕业生的优势和竞争力所在。高等职业教育的职业性决定了它的课程内容区别于其他教育类型和层次的课程，是重要的标志性的特征、高职特色的体现。

（一）课程内容的定向性

高职教育是以就业为目的，是在各类教育中与社会贴得最近，与经济建设结合得最紧的一类教育，它承担着将科学技术转化为现实生产力，开发人力资源和提高劳动者素质的重要任务。高职教育课程目标中明确的职业定向性，必然使其课程内容将教育对象导向就业所必需的知识、技能与态度的获得。也就是说，高职教育课程内容三要素的设计都必然主要考虑教育对象的就业需要。

由于高职教育是一种以各产业生产技术为主的教育，因而能否获得技术能力，成为其成功与否的重要标志。高职课程体系的构建应以技术能力的形成和综合素质的培养为主线，而现场解决技术问题的能力和必要的相关技能是高职教育课程内容三要素的重心所在。所以在高职教育课程内容中，不仅技能占有较大比例，而且知识和素质的选择与安排也常为技能的要求所左右。总之，技能在高职教育课程内容三要素中的特殊地位是区别于其他种类教育的显著特点之一。

"强化技能训练"的改革要求是不错的，但强化哪种技能的训练对不同类型的职业技术教育必须区别对待。对于技术员类人员的技能训练就不能只在再生性操作技能训练上，更不宜花大量时间去追求技工等级证书，而应在一定的再生性动作技能基础上，着重发展创造性动作技能和智力技能。如此，课程内容才不会偏离培养目标的要求。这就要求高职的课程重视实训、实习，还有实验的课程。

当然，高职教育课程的智力技能主导性特点，并不是说技能就是高职教育的一切，或者只要有了技能就万事大吉了。在职技教育中极端地理解"技能本位"也是一种片面的认识。在高职教育课程内容中知识和素质同样也是不可缺少的要素。因此，技能和素质的养成是在掌握知识的同时进行的。因而在强调技能主导时，不能只要职业技能、忽视知识的获得；在处理知识问题时，也必须注意适用性特点，避免普通高等教育的传统影响。

高职课程内容的技术方向性（非学术性、非工程性和非技能性）的特性，是因应社会劳动分工而客观存在的。尤其在进入知识经济时代，高技术的发展，技术性劳动的需求递增以及其地位和作用更趋重要，从而形成了这类新型人才规模培养的需求和条件。高职的知识方面，应合理确定基础理论、专业理论与专业技术知识三者的比例，应侧重于专业技术知识，把握基础理论、专业理论（技术原理）技术方向性，才有自己的特色可言。在素质方面，应注重合作精神、创新意识、开拓精神，尤其是创业思想的培养。

（二）课程内容的适用性

由于高职教育的专向性、直接性等基本特性的要求，高职教育课程内容必须适应当时、当地所属的特定行业、职业的要求，即要求知识、技能、素质培养等课程内容适宜而实用。高职的课程内容选择还要强调适用性（适宜和实用）的价值取向。教育部职成司杨进司长曾指出：中国整个教育体系所存在的问题不是太"实用"、太"实际"了，而是大而化之、脱离实际的所谓"全面"和"打基础"讲多了，这不仅影响着自身教育的持续、健康地发展，也影响着教育为经济和社会发展服务。职业教育就是要"眼睛向外"，从劳动力市场实际需要出发，真正做到就业岗位需要什么就办什么。这不仅不是"短视"，也不是所谓的"实用主义"，而是抓住了职业教育的本质特征，是在办真正的职业教育。

所谓"适宜"就是要符合实际需要；所谓"实用"就是要能在实际中应用。高职教育课程给予学生的技能与态度既不能过时，又不能超现实太远；知识既要坚持专业方向，又要具有一定发展潜力。

高职教育培养目标的规定性，高职教育课程内容中对于各种类型知识的选择与组合，必须呈现出适用性特点。从专业教育中文化基础课、专业技术课和专业课的格局来看是符合知识掌握的规律的，特别是专门化课程内容的选择上，要体现某一行业或职业的岗位要求，使培养出来的学生具备岗位所必需的基本知识和比较熟练的技术。但高职教育课程和知识选择必须适宜和实用，其准则是职业的专向性，要根据生产或服务的现实需要，重视倾向于现成、实用技术与规范的经验知识的获得，强调实践知识的体验；重理论知识中相关的结论的使用而轻其推导过程；更重视知识的综合运用。

与此同时，高职教育的课程内容还必须考虑到对职业的适应性。这是因为社会技术进步迅速，知识更新的周期越来越短；社会岗位的变化也越来越快，人们工作岗位变化更加频繁，流动性更强，必须有适应不同工作岗位的能力。高职人才处于生产管理的第一线，遇到的常常不仅仅是单项技术上的问题，而是综合性问题。这就要求课程设置和教学内容不能太专太细，课程内容能保持一种开放的、动态的结构，及时追踪相关领域技术发展的最新动态，及时了解社会职业岗位变化对学生能力和素质的要求，使培养的人才跟上时代发展的需要。必须考虑到学生走上工作岗位后，跟上时代发展、职业的变化和社会工作的需要，考虑到适当拓宽学生知识面，满足可持续发展，接受再教育的需要，所以不能针对某种过窄和过分具体的工作岗位。当然，这种适应性，是在一定职业范围内的适应性，没有必要在过分宽广的幅度内打基础，更广泛的适应性应由学生就业后的继续教育去完成。专向性和适应性是一对矛盾，而"一专多能"或"一精多能"高职课程内容能使其得到有机统一。

（三）课程内容的层次性

高职教育首先属于高等教育层次，一般是指在高中基础上进行的学历教育。但从本质上讲，高等职业教育不是淘汰教育、精英教育，而是成功教育、普及教育；高职教育必须达到高等教育培养目标和人才规格的基本要求。但也必须认识到，高职人才层次本身也存在一个比较宽广的区间，既有人才规格层次的区分，又有人才从事岗位的层次区分。高职的"高层次"课程内容，首先体现于生产一线需要用科学原理来进行产品制造与生产管理。其次体现于生产实践中高技术设备的产生和应用都需要创造性智力技能。这类人才在知识、技能以及素质方面能够满足某种复杂劳动职业的基本要求，并能在相应的职业中从事富有成效的劳动，针对某种复杂劳动，他们的心理素质合格而胜任，"下得去，用得上，留得住"是他们的最大特点。

尽管高职教育是随着科学技术和社会经济快速发展应运而生的，但目前我国科学技术和社会经济发展的总体水平还不高，行业间、地区间发展很不平衡。高等职业教育办学目标应该是让所有进入学校学习的学生都能成为合格人才，而作为求学主体的学生，其实际情形千差万别，目前和今后一段时期高职教育生源素质普遍偏低，所以对学生的成才目标定位必须区分为多种类型。对高职教育课程目标和课程内容层次应合理定位，对人才培养规格合理定格，而不能过于理想化，不恰当地提高或降低高职教育课程质量标准都是错误的。因此，顺应高等教育大众化趋势，贯彻执行培养适应现代化建设所需要的"成才教育"的新思路，树立正确的高职人才观和质量观，根据自己的资源、优势、特色、传统和外部需求等科学定位，明确培养质量要求，使广大学生在"高等职业教育"这个平台上充分发挥其自身的积极性和创造力，将个体文化基础水平和知识结构的差异转化为在高职人才层次区间内专业技能、专业方向的侧重点的区别以及专业特长的不同，而其"技术应用型人才"的本质特性没有任何的改变。

（四）课程内容的适度性

教育部周远清副部长在第一次全国高职高专教学工作会议闭幕式的讲话中提出，高职教育"基础理论知识适度、技术应用能力强、知识面宽、素质高"。在高职教育课程内容上，正确把握基础理论的"必需、够用"之度，既是课程改革的主要方向之一，又是改革过程中争议的焦点之一。

基础理论包括了公共课和专业基础理论。"必需、够用"强调了高职教育对基础理论的基本要求，即必须达到必需、够用才行。这一方面是高职教育的高等教育属性的要求，必须满足提高学生文化素质对培养学生一般能力的需要。公共课能帮助学生树立科学的世界观；培养他们的思想政治素质、业务素质和身心素质，能为学生进一步学习奠定基础，是培养和形成知识更新能力的重要课程。公共课在一定程度上具有为专业服务的功能。另一方面又是学生综合职业能力培养和岗位适应性的需要，关键能力是一种跨职业的，在职业生涯中起关键作用的综合能力，包括专业能力、方法能力、社会能力。专业基础理论是形成专业能力和学习相近专业的基础，劳动者的方法能力、社会能力主要通过基础理论来培养。只有具备必需、够用的基础理论才能增强学生岗位适应性。基础理论具有相对稳定性，又使"必需、够用"度的掌握成为可能。

"必需、够用"又反映了高职教育对基础理论要求的最高限度，即达到"必需、够用"要求即可。这主要是由于职业教育类型的特殊性，它着眼于一些成熟技术和管理规范的应用，其培养人才以技术应用能力见长，所以高职教育必须以应用为主旨，以技术应用能力为主线来设计教学内容体系。高职课程体系往往是以专业群为基础来构建的，实践教学在高职教学计划中占有相当的比例，加之学制的限制，基础理论教学只能以应用为目的，以"必需、够用"为度。即使是大学本科，也不应盲目打基础讲理论，同样存在"必需、够用"的问题，必须注意和防止出现两种倾向：一是轻视基础理论知识的教学，急功近利、实用主义的倾向；二是重理论轻实践，走学科化道路的倾向。努力寻求传授知识与培养能力的最佳结合点，优化课程内容体系，体现高职特色。

三、高等职业教育课程内容的整合

美国爱德林和罗林 1996 年为了满足知识社会职业教育课程开发，而设计了职业教育课程内容的整合系统。这一体系共包括三组课程内容：（1）核心的知识、技能与态度，它是以产业部门为基础的；（2）宽泛的应用性知识、技能和态度，它是以职业群为基础的；（3）专门技术与应用性知识、技能与态度，它是以具体工作岗位为基础的。同时，学校学习还可以与工作中的学习相整合。整合既包括水平的课程内容的整合，也包括垂直的课程内容的整合。经过整合后形成的新课程通常称为综合化课程。

我国高职课程综合化一般采取两种途径：一种是将有内在联系的不同学科的内容整合在一起而形成一门新的课程，叫作融合课程；另一种是合并数门相邻学科的内容形成的综合性课程，叫作广域课程。而同一学科内的内容整合后的课程，叫作重组课程。我国高职教育许多院校借鉴美国爱德林和罗林的职业教育课程整合系统的设计方法，在深入研究与广泛实践的基础上，总结出了很有参考价值的六种高职课程的综合模式。

（一）高职课程内容的综合模式

1. 典型产品形成过程的综合模式

教育部精品建设专业南通纺织职业技术学院的现代纺织技术专业是含有"纺织工艺"、"纺织品设计"以及"纺织品检测与经贸"三个方向的大类专业，现代纺织的核心技术具有并列性和复合性的特点，但任何核心技术都和生产的产品的类型和产品的质量紧密联系，而纺织品检测是以产品的质量标准、产品的检测技术和相关的检测技术标准为载体的。因此，产品是该专业核心技术的聚合点与归宿。该专业课程整合模式的基本思路是：以纺织产品为龙头，以典型产品为分析对象，根据产品的特征、生产过程中的技术要素来分解、梳理相关的专业知识、技术与技能；专业课程内容采取以典型产品的产品设计、工艺与技术、加工过程为对象的并列式综合。例如，综合课程《纺织品应用化学》以纺织纤维、染料及染整助剂、浆料等纺织材料为分析对象，将有机化学知识、高分子化学知识有机地整合在一起，去除了重复的内容，突出化学知识在纺织技术领域中的应用；《机械基础》、《现代纺织机电技术》等综合课程都是以典型纺织产品加工过程中的应用技术为主线，以关联的技术层面，优化整合成综合课；专业课则以产品设计为课程内容结构的主线，以典型产品的设计为案例，以讲清设计原理、建立设计理念、强化应用为重点，以产品开发为最终教学目标，将一系列专业理论与技术有机地、有序地融合而成。综合化的专业课程由产品设计的范例开始，经各个工艺过程中的技术理论阐述，再回到产品设计的主题，进而提高到产品开发的层面上；将产品的质量标准、产品的检测技术和相关的检测技术标准整合到产品工艺、加工过程、设计三类课程中。如纺织纤维课程内容模块中包括各种纺织纤维的质量标准、纤维检测（或鉴别）、纤维检测技术标准等。

2. 技术模块化的综合模式

这种课程的综合模式的基本思路是：以大类专业课程群为基础，按制造产品的主要工序技术模块或制造产品的主要相关领域的技术模块为主线，将所有的课程（或专业）整合成开放式的或闭合式的链状课程模块。例如，原南京机械专科学校的机械制造专业在教学改革中，将所有专业课程整合为基础、设计、制造、检测、控制五个专门课程模块。其中，设计模块将机械类专业的机械制图、公差与配合、理论力学、材料力学、机械原理、机械零件、机床设计和模具设计等八门课程整合为三门课程；控制模块将机械设备中有控制技术方面的凸轮控制、液压与气动控制、PLC 控制、传感器技术和计算机控制技术等综合为一门课，同时开设了专门综合实验周等等。这种课程的综合，突出强调了知识的内在联系，强调理论与实践的统一，避免不必要的重复，打破了每门课程自成体系的习惯方法。

3. 技术领域知识结构综合模式

这种模式的两个关键条件为：同属某一技术领域；各部分内容以某一研究问题为主线产生了紧密的联系。寻找这条客观存在的主线，遵循其规律综合课程内容是问题的关键。

4. 核心技术综合模式

这是一种以岗位群中的具体工作岗位的专门技术，或以核心技术为基础的课程综合模式。这种整合模式多对专业技术课综合而言。这种组合的课程由于以技术为核心，内容联系紧密，学生学习的兴趣和效率较高，对于提高人才培养质量有明显的效果。

高职教育的特色之一是教学内容体现对职业岗位群的针对性。分析岗位群工作范围和技术领域，可以把专业技术范畴的工作分为若干核心技术，每一核心技术包含了一定范围的专业知识和能力要求，与岗位有一定的对应关系。如南通纺织职业技术学院的现代纺织技术专业在进行专业方向的课程综合时，把纺织企业的现场管理分解为四个主要岗位：生产技术管理，包括生产组织、运转操作管理、计划调度、工艺调整等工作范围内的核心技术；设备技术管理，包括设备调配、设备维护、设备检修等工作范围内的核心技术；质量管理，包括质量分析、质量控制等工作范围内的核心技术；产品开发，包括市场调研、产品设计、产品分析、生产试验等等。以这些岗位工作范围内的核心技术为主体分别地综合为一门专门化的新课程。这种组合有利于学生集中地学完该技术所需的教学内容，便于形成围绕该项核心技术的综合技术应用能力，或解决该项技术实际问题的能力。由此组合的课程可以仅仅包含理论知识，也可以是理论与实践教学的综合性课程，视具体情况而定。

5. 核心与支撑技术综合模式

传统高等教育的课程设置分为基础课、专业基础课和专业课三个阶段，此种模式亦称为三段式结构。核心技术是专业技术内的概念，而核心技术是需要支撑的，支撑技术大多属于专业基础课的范畴。核心与支撑技术的综合则指传统意义下的专业技术课与所需专业基础课相关内容的综合。

这种模式在美国社区学院早已采用，近几年也广泛引起了我国高职教育工作者的关注和深入的研究，目前已有不少学者在探讨打破三段式结构的可能性及其得失，并取得了可喜的成果。打破三段式结构，主张专业课与专业基础课相结合，所需专业基础课融入其间，构成公共课与专门课的两段式结构。三段式与两段式的长处和不足有不少的争论，也有不同的观点。如两段式结构的教学能使学生尽快进入专门课学习，易于形成技术应用能力，也易于通过专业技术的学习反过来巩固和加深对专业基础理论的理解。这种观点在高职教育院校已被广泛接受。一般而言，单纯的专业基础理论是高职学生学习的难点，而支撑技术主要是专业基础理论的结论部分；但基础理论学习的知识系统性的缺陷，又往往会影响人才的可持续发展。这种观点在高职教育的理论界也认为是不争的事实。

这种综合中，专业基础课的系统性被打破，其内容优选之后成为专业课的支撑技术，并融会到专门课之中。也许在某一门专门课中会融入几门专业基础课的部分内容，而在另一专门课中又会融入这几门专业基础课的其他内容。在进行教学内容剪裁时，根据其内容在专门课的知识结构中的功能和性质，以不引导学生过多地去探索"为什么"，而是使他们懂得"是什么"、"怎么做"为原则，以"必需、够用"为度，以"黑箱"、"灰箱"、"白箱"三种不同的分类处理法，重点解决好输入与输出两个端口，形成与技术应用能力培养彼此呼应的、有机的、相融的综合系统，切忌机械的组合和拼凑。

这种变革的难度较大，教材和教师的知识结构都要求与之适应。而有的课程按此模式综合难度太大时，部分专业基础课程或其中的部分模块不妨仍然保持原状，即形成不太彻底的两段式结构。须知，两段式或三段式结构都是手段，而目的是实现培养目标，提高人才培养质量。

6. 学科交叉综合模式

在全国五年制高职试点的院校中，对公共课进行的较大幅度的改革是比较成功的。这些改革后的新课程大多数采用的是学科交叉综合模式而形成的综合化课程。普遍重视培养学生的人文素质，重视教学内容的现实与工程背景，重视关键能力的培养，相应地，课程从教学的功能目标到内容教法等方面的有机融合，或相互渗透是公共课的主要特点之一。如《实用语文》、《实用英语》主要采用的是同一领域内不同学科间的交叉综合，注重在提高学生基础文化素质的同时，突出了语言的综合应用能力的培养主线，以能力训练统领、推动知识的传授，在教学方法上该课程加强实训；《应用数学基础》、《实用化学基础》、《技术物理基础》、《计算机文化基础》等课程相对于传统的基础课、专业基础课和专业课三段式结构而言，既有基础课内学科的交叉综合，体现人文与自然科学的整合，又有基础课与专业基础课中学科的交叉综合，特别是注重了基础课与专业基础课和专业课的接口问题的处理，为构建公共课与专门课的两段式结构打下了基础。

（二）高职课程综合的要素

课程的整合需要许多条件做支撑。如教师是否达到一定的教学和研究水平，熟悉课程理论，掌握课程以及课程内容内在的逻辑与规律；整合动因既有直接的外部推动，又有课程体系内部整合的需求，但课程的整合必须是一种理性行为；课程整合是实践层面上外在表现形态，但其内涵必须与体现时代精神的课程理念与课程结构相契合等。因此，必须统筹考虑课程整合模式的设计和整合操作中的一些要素。

首先是学科资源。在知识不断创新，网络把知识空前激活的时代，任何一门学科的资源都在不断地走向丰富和繁荣。对课程内容落后和陈旧的不满与对知识前沿的激情关注，应当是课程所具有的关键品性。"什么知识最有价值？"这一课程论经典命题的实质就是课程如何去选择和整合学科资源。主流观点认为，课程应当在已知与未知、接受与创造、过去与未来、基础与前沿等之间保持一种恰当的张力。

其次是学习者。综合课程不是一种起点缀作用的装饰，它的全部真实的价值所在就是它的育人意义，表现为它对学习者的素质关怀。事实上，对学生的知识结构与能力结构的重新认识是课程整合的最直接的动因。但是学习者的需要可以说是无限多样、变幻莫测的，综合化的课程想要满足学习者的一切需要注定是一场空想。那些各式各样的教育需要，应主要由各种选修课与特色课程来满足。课程整合或者说需要整合的课程，不必过多地去考虑经济生活与职业世界的变幻无常，其重点是对现实和当前学生综合职业能力的培养的关注。

第三是综合课程教学实施。高水平的教师是创建高质量的综合课程的一个重要前提，也是综合课程的教学实施和既定目标的实现条件。事实上，教师在整合课程这一过程中，所面对的是多个学科，甚至是整个专业群或职业群课程内容体系，这就要求具有广博的专业群知识以及长期的教学与科学研究实践。故教师与综合课程有一种无法割裂的内在的逻辑关联，高质量的综合课程是教师专业技术造诣的一个象征。

第四是课程整合过程的选择。任何一所学校，都有自己丰富的课程实践经验。一门综合课程可以应用已有的课程实践经验，通过模式设计跨越式地实现从无到有；也自然可以在学校以往课程经验的基础上逐步凝聚生成。前者走的是一条"外延发展"的道路，颇具风险，这种风险主要来源于设计过程中由于种种主客观条件造成的很难避免的纰漏，但也正是这种风险蕴含着某种程度的成功与创造性；后者走的是一条"内涵发展"的道路，是基于经验的自然演进与课程改革的连续性来实现课程综合的，这种方式是低风险的，结果也是易于控制的，因而也常常包含一定的保守性，真正意义上的突破往往很难实现。在具体的综合课程建构实践中，高职院校应根据自身的实际情况与教育哲学来选择课程整合的过程，也可以把两者结合起来，走一条"外延发展"与"内涵发展"相结合的道路。

第五是课程整合的动态性。课程改革是一个动态的连续的过程，过程性是课程的基本属性，而所谓课程整合动态性主要体现为课程整合经常性的经验提取与不断升华。这一过程一般情况下有三个相继的步骤，首先是经验的甄别，主要是剔除糟粕，留下精华。其次是经验的整合，主要是把经验进行联系、组合、协调。最后是将整合后的经验体系直接注入综合课程，对其建构产生决定性的影响。当然，这些步骤的界线有时可能是模糊的。

这种课程整合动态性使得课程在新的平台上继续课程的新的整合，即课程的融合、拓展、改编等课程综合工作。通过课程融合推出覆盖面更广、渗透性更强的综合课程；通过课程拓展不断地从知识的"货架上"选取新的学科知识，并把它纳入课程内容的内在逻辑当中，使课程更加完整和富有；通过课程改编在原有课程内容结构的基础上重构一种新的内容结构，修复其中的缺陷，以增强课程的时代适应性。

第六是课程综合模式的选择。课程综合模式的选择包括三层含义：一是某种课程综合模式的解决方案不是唯一的，从不同的角度，不同的需求出发可以有不同的结果；二是同一综合课程采用的综合模式不是唯一的，通常以其中之一作为主体模式，再选其他的 1 ～ 2 个作为辅助模式；三是随着科学技术的发展，学科之间的交叉和渗透越来越多，需要不断探索新的综合模式。据有关资料显示，美国已经出现了以工作项目为主线，融入若干学科（专业）的部分内容，或以典型装置按某种方式分解为主线，部分构件中的技术构成为模块两种新的课程综合模式。

总之，课程的综合不是目的，而是手段。不宜过分追求课程的综合化。综合课程应是建立在分科课程基础之上的，它不可能完全取代分科教学。分科课程与综合课程互为补充，是相辅相成的关系。一切应服从实现培养目标、提高人才培养质量这个崇高的目的。四、与离职课程内容相关的问题作者在对近百个教育部推荐的专业教学改革试点方案进行分析的基础上，试图从中发现并提出下列与高等职业教育课程内容相关的几个问题，以便与读者共同研究和思考。

（一）构建实践教学体系中存在的问题

1. 各高等职业教育院校对实践教学体系的说法、名称不一

目前典型的有三种，第一种是为了突出实践教学与理论教学并重的原则，将课程体系分为理论课程体系和实践课程体系。理论课程体系由公共课和专业理论课组成；实践课程体系由基本技能、专业技能课程组成。这类体系高等职业技术学院采用得较多。第二种是将课程体系分为公共课程模块、专业基础课程模块和专业课程模块，实践教学体系按三类课程中实践性教学内容和实践性教学组织形式的模块的集合组成。这类体系高等专科学校（含职业大学）采用较多。第三种是"M 型主体 +1 型层次"的课程体系结构，把课程中与职业岗位直接相关的、教学过程与教学活动以学生为主体的实践环节（含各种教学场所、各种教学组织形式的学生实践性活动）的集合组成实践教学体系。这类体系各类高等职业教育中经贸类、艺体类、人文社科类等专业采用得较多。

2. 各高等职业教育院校计算实践教学时数的口径不一

高等职业教育院校普遍加大了实践教学的比重，并按各自教学计划对实践环节教学时数的计算口径，各专业实践教学时数的比例在 31% 至 65% 之间。例如，深圳职业技术学院机械 CAD/CAM 专业，把教学形式分为四大类（理论教学、课程设计、技能教学、毕业实践），每一大类都分为理论学时、

实践学时，其实践教学时数占整个教学时数的比例，即为实践学时与总学时的比；成都航空职业技术学院机电技术应用专业，它的实践教学时数所占比例的计算是实践教学环节的时数累计后与专门课理论教学总时数（不含公共课时数）的比，各占50%；上海立信高等专科学校会计专业，则将各课程分为理论教学和实务练习两部分，其实践学时所占比例即为实务训练学时与总学时数的比等等。

（二）理论教学与实践教学比例设定中存在的问题

相对于普通高等教育，高职教育中实践教学占有重要的地位，所以强调实践教学必须在教学计划中占有一定（不少资料中使用"较大"）的比例。但这里的"一定"或"较大"又是不确定的。有些资料上引经据典地提出了国外职业技术教育理论教学与实践教学的比例在1：1到4：6之间，但其数据来源与计算方法不得而知。职业技术的培养需要一定实践教学时数来保证，但技术应用能力的高低与实践教学时数并不是正比例关系，在课程设置过程中切忌出现对实践教学的片面化和庸俗化认识。这是因为：1.专业技能层次存在着高低之分，简单的操作技能或较低级的动手能力花费较多实践教学课时，与高职教育的培养目标相悖；2.各专业性质不同，实践教学所占比例难以统一要求，例如，管理类专业与工科专业，各专业面向职业岗位（群）的宽窄不同，即使是同一专业，学校的培养模式、自身的优势不同等，理论教学与实践教学的比例也不应相同；3.计算的口径难以确定，两者所占比例的准确计算也存在很大的难度。如高职课程进行综合化，对专业基础课、专业课、技能训练等进行有机整合，理论教学中包括了相应的实验内容；推行教、学、做一体化教学模式，理论教学与实践教学相互结合，相互渗透等。

所以，应该在对职业岗位能力进行客观分析的基础上，根据专业培养目标和人才规格要求，设置相应课程，确定教学内容。至于采用理论教学还是实践教学，则取决于课程的性质和教学目标的需要；强调两者必须达到1：1或规定实践教学在教学计划中的最低比例，然后再去机械拼凑，是不科学或没有实际意义的。

（三）课程内容的先进性与系统性的矛盾

目前教学内容稳定有余，变化不够。高职教育课程内容侧重于成熟技术，但成熟技术并不排斥其先进性，目前开设的专业，如信息技术、数控技术、电子技术等都具有很高的科技含量，在教学内容中要注意保持教学内容的相对稳定，解决技术的共性或基础性问题，这无可厚非。在保持稳定的同时，应结合当前科技成果，适时引入新技术、新设备、新工艺等新内容，从而保证课程的先进性，以缩短学校教学内容与社会技术应用的距离，提高课程的教学效益。

一些教学方案注意突出应用性，但兼顾系统性不够。所谓系统性，包括两层含义：一是不追求学科的完备性、系统性，但也不刻意去打破，因为零散破碎的知识结构不易被学习者掌握，不利于开发智力潜力，内容取舍应遵循教学规律；二是知识的综合应具备有机性和相融性，能够围绕能力培养目标形成彼此呼应的系统，而不是机械的组合和拼凑。

（四）课程与教学关系上存在的问题

目前，在高职课程与教学的关系处理上需注意以下几个问题：

1. 虽已注意与课程体系的结构相协调，并设法发挥隐性课程在培养过程中的作用，但并没有把各种途径和各种形式的教育活动视为课程的有机组成部分。

2. 作为"计划文件"层面上规划出来的课程有明确的目的性和计划性，但并没有很好地考虑教育方向性。课程作为整个教育教学活动的基本单元，教学内容之间互相封闭，不能发挥其整体结构功能。应确立整体结构功能观，立足于课程结构整体功能优化。

3. 重视课程设置的主体（通常是教师）实施"意向活动"的结果，并未充分考虑课程学习的主体（学生）能学到的课程和习得的课程。

4. 重视规划设定课程内容的同时，还要更加重视规划和设定相适应的教学形式、途径、手段和方法以及相应的评价标准、评价方法、评价活动，防止课程与教学"二元化"。

（五）专业技能培养中应注意的问题

1. 应把专业技能的培养与获得看成是一个养成过程，切忌点对点、一对一的培养模式。

2. 重视发挥不同的实践教学环节各自功能的优势。如实训是直接形成专业技能的重要环节，但是，它不具备实习中能提供的真实的工程环境和技术氛围以及具体的人际关系和运行结构。实验不仅在验证基础理论及专业理论方面是不可缺少的，而且更应注意在建立科学的实证思维模式，掌握基本的测试手段和方法，提高参数检测、数据处理的能力等方面，发挥其在以后的实践环节和今后的工作方面的基础作用。

3. 应尽量应用先进的教育手段和方法。技术教育成本的昂贵性是高职教育较突出的教学特点。在培养专业技能过程中，应尽量借助于模拟、仿真等形式，来提高教学效率和效益。

第五章 信息时代背景下高等职业教育的教学方法与教学手段

"教学有法，而无定法"。通过长期的理论研究和教学实践，人们总结了不少教学方法，但由于高等职业教育注重培养学生的技术应用能力，强调理论与实践并重，因此，高等职业教育的教学方法应根据教学活动的变化，根据培养目标的要求，体现出自己的特点，构建出独特的方法体系。

第一节 高等职业教育的教学方法

教学方法，是在教学活动中，教师和学生为实现教学目的，完成教学任务而采取的教与学相互作用的活动方式的总称，既包括教师教的方法，也包括学生学习的方法。教的方法是教师为完成教学任务所采取的方式、手段和程序，学的方法是学生获得知识、形成技能、发展能力所使用的方式。

所有教学方法同任何原理、法则和规律一样，均有一定的适用范围，不存在"放之四海而皆准"的教学方法。不同的师资水平，不同的学生素质，不同的环境氛围，即使是同一教学内容，为达到教学目的和要求，也可能有教学方法上的差异，因此，只有适宜的教学方法才是好的教学方法。

教学方法是教学过程中最重要的组成部分之一，是教学的基本要求，它直接关系着课堂教学成果、成效和人才培养的质量。是否讲究教学方法，教学方法运用得是否恰到好处，能否完成教学目的，是能否完成教学任务的关键。

人们已经总结了许多行之有效的教学方法，也针对不同的教学目标和教学任务，提出了一些针对性的教学方法，如掌握知识，宜选择讲授法、阅读法；形成技能，宜选择实习法、实验法等；发展能力，宜选择作业法、研究法、讨论法等；陶冶个性，宜选择欣赏法、陶冶法、参观法等。高等职业教育以培养学生的技术应用能力为目标，应有适合自身教育特色的方法体系。在南通纺织职业技术学院的教学实践中，以下几种教学方法常被使用并认为是比较适宜的。

一、讲授教学法

讲授教学法是教师通过口头语言向学生系统连贯地传授知识的方法。它包括讲述、讲解、讲读等几种方式。

讲述，多为教师向学生叙述事实材料，或描绘所讲对象，讲述侧重于叙述与描绘，侧重于从感知到理解。讲解，是教师对概念、定律、公式、原理等进行说明、解释、分析或论证，讲解偏重于解释和论证，偏重于从已知到未知。讲读，即教师把讲、读、练结合起来进行教学。

讲授法的运用，第一要注意讲授的内容要具有科学性和思想性。无论是描绘情境、叙述事实，还是阐述概念、论证原理，教师引用的资料应当准确无误，可靠翔实。第二要注意讲授的方式要多样、灵活，教师要把讲授法与其他方法，诸如谈话、读书指导、演示等交叉运用，还要与复述、提问、讨论等方式穿插进行。第三，讲授的语言要精练准确。第四，运用讲授法教学，要配合适当的板书，以便取得最优化的教学效果。

当教学要求是以传授知识为主，教学内容是理论性、资料性的时候，运用讲授法，往往能在短时间内，实现大信息量的传输，效果较好。但讲授法较多地反映了教师的主动性，学生则处于被动的地位，特别是重理论轻实践的时代，这种方法千篇一律地使用，学生成了单纯接受知识的"口袋"。因此，在使用中应注意扬长避短，要注意形式、手段上的变化，避免枯燥、乏味。

讲授法对教师提出了较高的要求，特别是要求教师具有较强的语言表达能力，要声情并茂，节奏跌宕，引人入胜，富有感染力；要认真备课，旁征博引，巧譬善喻，加强趣味性；要启发思路，始终掌握主导权。

二、现场教学法

现场教学法就是在工厂车间等工作岗位现场或者在学院的实训中心、教学工厂，按教学要求及教学目标，教师学生互动，边讲边看、边讲边练的教学过程。

学院的实训中心、教学工厂是按照工厂等实际岗位现状，模仿工作现场而精心设计的教学场所。它具有真实情景下不具备的优势：可以不破坏正常的生产、工作、生活秩序；可以方便地展示设备内部结构，以利于学习者了解其工作原理，循环反复地完成某一技能的训练；可以人为地设计制造一些在日常实际工作中常常出现的故障，供学习者去分析、判断、排除等。

实训中心、教学工厂要精心设计。国外许多学校实训室的设计都采用了通透式的方式。南通纺织职业技术学院的实训中心也学习采用了这种形式，同时各实训室的排布上体现了"从低级到高级，从基础到专业，从单项到综合，从模拟到创新"的设计思想，使学生完成一个实训任务、一个实训项目后，对下一个实训任务、实训项目就已经有了直观的印象，起到了潜移默化的作用。如南通纺织职业技术学院的织物实训中心的设计就是按照从计算机产品设计到小样试制再到大样投产试制的全过程模拟，前后衔接、上下配套、浑然一体，有利于学生专业职业能力的培养，有利于学生熟悉生产工艺和操作。

现场教学法的优点在于：一是通过看和听两种器官接收信息，感染力较强，学习效果较好；二是现场讲解，事半功倍，学生一目了然，比讲授法更有说服力；三是可使学生通过真实或仿真的环境及早地接触到"岗位"，培养职业感情，逐步进入"角色"；四是增强学生发现问题、分析问题及解决问题的能力。

除真实场景外，实训中心、教学工厂要求越接近真实越好，要能"以假乱真"，模拟的情况主要有：器物模拟，如模拟汽车、火车与飞机驾驶，从梳棉、并条、粗纱到细纱的生产模拟车间等；环境模拟，如商务洽谈室、模拟财会室等；人物模拟，如模仿商场里的顾客等。

三、项目教学法

项目教学法是指在教师的指导下，学生通过完成一项完整的"项目"工作而进行教学活动的教学方法。这里的"项目"是指以完成一件具体的、具有实用价值的产品为目的任务。

项目教学法是学生接触社会、接触实际，发挥主观能动性，体现创新素质和技术应用能力的比较适合高职教育特点的教学法，它还体现了产学研一体化的具体实践成果。

项目教学法要求教师充分接触社会、企业，广泛收集信息，提出项目任务，在与学生共同讨论，确定各自目标和任务的前提下，由学生根据学到的知识、已有的专业能力，独立自主地或在老师帮助下实施和完成项目。项目的完成既要接受老师的评判，更主要的是要接受社会的评判、市场的反映、经济效益上的体现。

项目教学法对于激发学生的自信心、创造力，培养学生的创业意识，增强学生对专业的热爱，及早地接触岗位，培养兴趣等都有较好的效果。

项目教学法要求学校给学生完成项目创造一定的氛围和条件。南通纺织职业技术学院在各系都建立了"技术开发中心"，并且在有些专业设立了"教师工作室"，或"××设计室"，配备了办公、接待、洽谈设施和从事产品开发、科技开发的必要设备，吸纳高年级学生参加科技开发、产品设计、技术服务和技术咨询等活动。专业教师通过自己的工作室或设计室，加强与企业的联系和合作。一方面，教师在教学时能以企业真实的生产工艺为主线，以实例、案例为核心，进行教学；另一方面，能够带领学生研究解决企业生产实际课题。几年来，实践效果显著，比如，在国际、国内大赛中摘金夺银的服装设计参赛作品，大都出自艺术系专业教师工作室师生的共同手笔；一些新型纱线、面料新品由纺染系设计室提供给国内知名大型纺织企业，成为占领市场的主打产品；经贸系的企划室为农村基层政府和小型企业提供了众多企划方案、咨询报告和调研报告等。

四、案例教学法

人们在教学实践中总结出了一种案例教学法。案例就是为了某种既定的教学目的，围绕着某一问题面对某一真实的情景所作的客观描述。作为专供教学用的案例，有如下特点。

（一）教学案例必须以事实为依据

与创作小说不同，案例在情节上不得虚构；名称与数据出于保密需要，可加以掩饰；必要时对素材可以删减合并，但基本事实应来自实践，基本上应是对事实真相的自述式记录，因为目的是要使学生身临其境，被带到一种真实的情境中去。

（二）案例中应包含一个或数个问题

案例中包含问题目的是使学生演习并学会如何解决问题。

（三）案例需有一定的明确的教学目的

案例准备用于哪些章节，学生借以验证、操作和运用什么概念、理论或工具，想让他们通过分析与讨论掌握和提高哪些知识与技能，事先应心中有数。

（四）案例教学的意义

首先，它们可以培养学生独立地、综合地解决问题的能力。大家知道，有些问题复杂而多因，本无简单通则可凭借，必须依靠自己的知识与技能，去选取对策。对同一问题，不同的人可能采取不同的办法而都能成功，这是因这些人各具不同的长处和经历。同学们通过众多不同案例的学习，会渐渐归纳和领悟出一套适合于本人特点的分析与解决问题的思维方法与程序，使自己的工作能力产生一种由量变逐渐演化成质变的飞跃。

其次，案例教学法要求学生在小组和全班大量相互交往的背景下学习案例，这能全面地提高口头与书面表达能力、说服别人及为自己论点辩护的能力，培养听取别人意见和在群体中搞好协作与团结等综合人际交往的能力，而这种能力正是工作中不可缺少的。

此外，案例也有增进知识，扩大信息库的功能。对于从未有过工作实践的学生，案例使他们取得接近真实的体验，打开眼界，增长知识，并能起举一反三，触类旁通的启迪作用。

（五）案例教学的典型过程案例教学其典型过程有四个环节。

1. 学生个人阅读案例与分析准备：这是必不可少的，通常是在课外事先进行的。此环节教师的工作，主要是布置启发思考题与推荐参考文献、网上信息，以及要求和指导学生写分析提纲。

2. 小组讨论：这与班级讨论不同，教师一般不在场，人数又少，顾忌与压力少而小，可以畅所欲言，充分交流。小组讨论应争取形成共识，并进行学习任务分工。学习任务分工是指在查阅参考文献、图表绘制等工作上进行分工以及推举在班级讨论中以全组名义发言的代表。教师一般应允许同一小组中学生的书面报告使用同样的图表，以鼓励学生锻炼群体协作能力，但书面报告必须个人分别完成。

3. 个人书面报告：口头发言不能代替书面分析，后者不但能锻炼书面表达力，而且使学生分析更条理化、更精确、更具逻辑性。考虑到书面报告有一定的工作量，所以教师可要求每个同学只完成几个案例的分析报告。

4. 全班课堂讨论：这是师生所作的努力的共同集中表现，也是教学功能发挥最完整、最强烈的环节。典型的课堂讨论常包括下列各阶段：首先是"摆事实"，即让学员简要地回顾案例中的主要情节。然后开始"找问题"，问题可能不止一个，这就要梳理出主要矛盾、次要矛盾。下一步即开始"查原因"，即追查问题产生的根源，这也可能是多方面的，要逐一剖析，分清主次。于是便可对症下药地列出针对性的对策建议。所判"决策"当然不止一种，这便要对照权衡，"析利弊"。在此基础上，便可"做决策"了。最后，有时还可加一步"拟行动"，把决策变成为具体的行动计划。

在教学中涉及的需要综合运用一些知识、问题又不甚鲜明清晰、可作多种解释的教学内容，运用案例教学法较好。但对于问题比较单一，使用定量手段较多的内容，案例教学法似乎就不太适合了。

因此，教学中要根据课程的内容、时间、特点，教师本人经验与长短处等，酌情采用最适宜的教学方法，这样才能各显所长，互为补充，提高教学效果。

第二节　高等职业教育的教育技术

教育技术经历了视觉教育、视听教育、视听传播到教育技术的名称演变。1994 年，美国教育传播与技术学会（AECT）对教育技术作了全新的定义："教育技术是关于学习资源和学习过程的设计、开发、利用、管理和评价的理论和实践。"学习过程是学习者通过与信息、环境的相互作用获取知识和技能的认知过程，学习资源是学习过程中所要利用的各种信息和环境条件。教育的新观念要求学生由外部刺激的被动接受者转变为能积极进行信息处理的主动学习者，而教师提供能帮助和促进学生学习的信息资源和学习环境。

教育技术是现代科学技术在教学中必要、恰当和科学的运用，其基本特征是科学技术与教学内容、过程和方法的有机结合。人们更关心的是基于技术的教育系统的设计与实现，称之为教育技术系统。

米因斯（B. Means）等人于 1993 年提出了一个关于教育技术系统的分类方案，把目前常用的教育技术分为四类：授导型、探索型、工具型以及传统型，并给出每类技术的例子。

下面介绍几种目前应用较广泛的教育技术。

一、计算机辅助教学

计算机辅助教学（Computer Assisted Instruction）简称 CAI，是将计算机作为信息传输系统，在建立的交互关系中不仅向学习者提供信息内容，而且还与学习者进行学习过程中的"对话"，回答并提出问题，与学习者的交互构成一个闭环。学习者向 CAI 系统提出所需学习内容的申请，由 CAI 受理后，检索出相应的课件内容通过显示器和声音展现给学习者，当学习者做出应答，同时反馈给 CAI 系统，CAI 经检测评判后确认应答的正确、错误，然后再反馈给学习者强化理解。

CAI 具有以下特点：

（一）有利于增强教学效果：充分利用计算机对多种信息的综合处理能力，以视、听、触等多种生动形象的教学方法，改变了传统的教学模式，克服了学习者只能被动接受同一模式教学的弊端，弥补了传统的教学方式在直观感、立体感和动态感等方面的不足，取得了传统的教学手段所无法取得的效果。

（二）有利于贯彻因材施教的原则：学习者可以根据自己的学习特点，选择适当的学习进度，实现因材施教的教学方式。学习者可以根据自己的需要选择学习内容和时间，实现了真正的个别化教学，并不要求所有的人在同一时间内达到相同的理解程度。

（三）有利于激发学习者的兴趣：CAI 既能向学习者提供丰富多彩的图、文、声、像的教学信息，又能提供生动、友好、多样化的人机交互方式，得到传统教学中难以获得的直观知识，既调动学习者学习的内在动力，激发学习者的学习兴趣，又加深对课程内容的理解和掌握，以达到提高学习效率的教学目的。

二、基于 Internet 的教学

Internet 实际上也是一个无所不能的全球化教育系统，它可以支持各种类型的教学传播。20 世纪 80 年代后期，有些发达国家就开始应用 Internet 实现远程教学的实验，并逐步成为正规的远程教学手段。

以分立计算机为基础的 CAI 也存在一些问题，除了不利于教学管理和资源共享等因素外，这种纯粹以人—机通信为主的学习方式缺乏人际间的情感交流。而计算机网络的主要作用之一是支持人际间通信，这在很大程度上可以克服传统 CAI 的不足。将局部教学网络与 Internet 连接起来，有助于进一步发挥网络化教学优势。

以 Internet 为基础的 CAI 具有以下特点：

（一）信息资源丰富 internet 实际上已经成为全球最大的电子信息资源库。利用它所提供的各种信息服务功能，特别是通过 WWW 浏览器，学生可以在这个无边无际的信息空间自由探索。

（二）时空不限 internet 为用户提供了几乎无限的时空自由度。无论在何时何地只要有 Internet 终端，人们都可上网学习。这种时空自由度特别适合于远程教育、业余教育、开放教育等。

（三）人机优势互补：利用 Internet 进行教学，学生既可与网上的教学软件、信息资源库进行交互活动，又可通过 E-mail、语音收取、视频会议系统等与教师会话，也可与同学进行网上合作学习。

利用 Internet 的特点，人们在网上建立了许多虚拟的教学系统，出现了虚拟教室、虚拟实验室、虚拟校园、虚拟大学等新概念。人们把能够承载并传递信息的任何载体或工具称为媒体。从书本、图片、报纸、杂志、广告物、电影、电视、电话、录音机、录像机到计算机、网络、通信卫星等等，都属于媒体范畴。多媒体就是多种媒体的组合。在理想情况下，多媒体的综合功

能优于单个媒体功能之和，多媒体系统通过多种感官的刺激来传递信息，它更符合人类的认知规律。多媒体系统能激发学习者的学习动机，促进学习者的理解和记忆并让他们处于积极的学习状态中。

目前广泛应用于高等职业教育中的多媒体技术是以信息技术为基础的，如多媒体计算机、电子网络、数字化课本、屏幕及影音广播等。它们具有以下特点。

（一）信息容量大：目前广泛使用的只读光盘的容量一般也有 640 兆字节，即使一本书有 50 万字，那么一张光盘就可容纳 640 本这样的书的内容，称之为"海量"一点也不为过。

（二）多媒体组合：比如，多媒体学习可采用听觉、视觉、视听觉等多种媒体，如幻灯片、电影、图片、录音带、录像带、练习册、实验器材以及学习指导的文字材料等等。当然一个完整的多媒体学习包应有明确的学习目标，这个目标应在学习指南中确立，并且通过学习指南指导学习者按顺序使用某种媒体，并介绍媒体的正确使用方法。

（三）虚拟化：多媒体技术可以实现模拟真实的生活情景、虚拟环境等等，学习者完全可以沉浸其中，这种身心的投入既有认知方面的，也有情感方面的，因此它将大大地增强学习的主动性和持久性。虚拟现实在教学中的作用有：帮助学习者探索那些不能接触到的地点事物，如火星表面；向学习者展示那些难于观察和测量的事物，如机器内部的运动情况；为学习者再现已经不复存在的事物，如早期的纺织设备与工艺；为地域上远隔万里的学习者提供合作学习和讨论的环境；将抽象的、深奥的学习内容具体化、形象化等。

此外多媒体教学还有智能化、网络化的特点。

三、数字化图书馆

数字化图书馆是将数字技术应用于图书馆各项服务中，几乎所有的图书信息都能以数字化形式获得，读者通过网络访问图书馆的文献数据库系统，如电子杂志、电子图书、多媒体声像资料等；通过计算机系统管理图书期刊的读者服务；图书馆通过局域网、校园网、国际互联网接到办公室、教室、家庭等，使人们能很方便地共享各种资源。

数字化图书馆具有以下特点：

（一）信息丰富，资源共享：数字化图书馆可连接地区网、国家网、国际互联网，对内可连接各种局域网、校园网和馆内终端。互联网基本上实现了信息财富的"共享"，全世界已有 600 所公共图书馆、大学图书馆及 400 多个学术机构，将其联机馆藏目录通过 Internet 免费对外开放，形成一个无墙的图书馆。

（二）界面友好，检索方便：友好的用户界面使读者不需要经过特殊的训练即可对付各种信息资源的检索操作，更快更好地获得信息。

（三）物理空间小，服务灵活：与传统的图书馆相比，由于不需要固定的阅览室等场所，不需要馆藏室等，数字化的信息大都存放在服务器的大容量硬盘、磁带或光盘等上，因此，只要网络联通，一台计算机就是一个图书馆。由于没有了借阅时间上的限制，数字化图书馆提供了灵活、方便的服务。

第三节 高等职业教育的实训基地建设

高等职业教育实训基地是为了提高学生的实践和动手能力，由职业院校举办或与企业联办的实际训练的场所（以下简称"实训基地"）。它是实现高等职业教育目标的重要条件之一，其教学基础设施与工作状况直接反映学校的教学质量与教学水平。教育主管部门和学校必须重视和加强实训基地的领导、建设和管理。实训基地必须全面贯彻党和国家的教育方针，遵循教育、教学的基本规律，不断提高教学质量及教学水平，努力培养学生的专业基本能力、技术技能和职业素质。实训基地建设要根据地方社会经济发展和高等职业教育发展的需要，统筹规划，合理设置，努力把实训基地建设成为集教学、培训、职业技能鉴定和技术服务于一体的社会效益与经济效益俱佳的实体。

一、实训基地建设的原则

实训基地建设要在政府统筹下，根据各省或各市经济建设产业结构调整对人才需求的实际设立，各级政府应积极参与建设，应以行业或以市为单位，集中人力、物力、财力建设规模适当、功能合理、设施完善、设备先进的校企共用的实训基地。实训基地的建设要以社会和市场需求为导向，用新思路、新体制、新机制、新模式设计基地建设方案；要建立校企合作、社会参与的新模式，以政府投入为主、多渠道筹措经费的新机制，按市场规律来经营和管理的新体制。

基地建设要做到统筹规划，量力而行，分步实施，与时俱进，既要立足当前，又要谋划好长远，做好实施方案。不同地区、不同类型的高职高专院校要根据本地区、本学校的实际情况，探索各具特色的实训基地建设模式。应把基地建设的重点首先放在学校的主干专业，保证实践教学基地的高水平、高质量。实训基地在实训环境上要创造相应专业的真实情境，实训中心可按照专业大类设置，请企业参与设计和建设，确保实训的仿真模拟性，使学生在仿真环境中，按照未来专业岗位群对基本技术技能的要求，得到实际操作训练。

实训基地在技术要求上要具有专业领域的先进性，要根据高职高专教育教学特点，根据地区和行业的技术特点和发展趋势，不断更新教学仪器设备，提高仪器设备的现代科技含量；改革实践教学方法，实现实践教学手段现代化，使学生在实训过程中，熟悉、掌握本专业领域先进的技术方向、工艺路线和技术实际应用的本领。

实训在内容安排上要具有综合性，使学生通过实训不仅掌握本专业的核心技术和技能，而且熟悉和了解与相关专业的技术和技能，得到基本能力、基本技能和职业综合素质的全面训练。实训基地在服务面向上要具有开放性，不仅能承担高等职业学历教育的基本技术技能实训，而且能承担各级各类职业技能的培训、鉴定与服务任务，使学校实训基地紧密与社会经济发展相联系。

二、实训基地的基本功能与主要任务

实训基地的基本功能为：承担高等职业教育实践教学、实训教学任务，开展非学历教育职业技术技能培训；负责专业技术技能鉴定考核工作；进行专业研究、技术开发、生产及新技术的应用推广等。

实训基地的主要任务如下：

（一）根据专业教学计划的要求和专业岗位（群）的技术技能要求，制定实训计划和方案，制定专业技术技能培训教学大纲。

（二）按照专业岗位（群）的实际和教学大纲要求组织和实施专业岗位技术培训。

（三）根据相关专业培养目标的要求组织编写实训教材。

（四）积极创造条件，开展专业技术应用研究，实现产学研相结合，开发、推广新技术、新工艺和新材料。

（五）组织进行专业技术技能资格鉴定工作。

（六）承担专业教师实践教学的培训任务，促进高职教育师资"双师"队伍建设。

（七）依据科学技术的发展、岗位需求的变化及学生就业岗位的变化，开发新的职业技术技能培训项目与培训内容。

三、实训基地的设立与经费投入

高等职业教育的实训基地，按其职能与规模可分为国家级、省级、校级三级实训基地。国家级实训基地要建成国内一流，成为各省实训基地建设的示范基地；省级实训基地要努力建成省内一流，带动省实训基地建设；各院校要创造条件建设校级实训基地，培植新的专业增长点。通过三级实训基地的相互促进，提高高职教育教学的整体水平，提升高职院校为经济社会发展服务的能力。实训基地建设要通过政府投入、学校自筹、校企共建、学校与科研单位或行业联合等多渠道筹集经费，走共同建设、共同发展的道路。

国家级实训基地是国家根据社会经济发展对人才需求紧迫状况的分析，重点扶持的有关支柱产业相关专业领域的实训基地，一般由各省教育厅在省级实训基地中选择推荐。中央财政以专项资金支持国家级实训基地的建设，各省教育厅也将在资金和政策上给予支持。

省级实训基地建设，由省教育厅根据各省重点支持发展的行业和专业领域，采取申报、专家论证相结合的方式，确定每年重点支持建设的项目，编制年度建设计划，省财政以专项资金的形式支持年度计划。申报省级实训基地应具备以下基本条件：

（一）学校定位准确，专业建设特色鲜明，且属于第十五条所列专业领域。

（二）具备产学结合、校企合作的条件，参与合作的企业3家以上。

（三）具备资源共享与可持续发展的条件。

（四）具备较好的办学条件：实训基地的相关专业，举办时间一般应超过3年，在校生应超过200人，毕业生一次性就业率应在80%以上，应有足够数量的"双师型"专业教师等。

校级实训基地，由学校根据社会经济发展和专业建设的需要确定并实施建设。

四、实训基地的资源建设

实训基地的建设应具有先进性，应有配套齐全、符合环境保护要求、能满足培训任务的教学场所，生均建筑面积应达到教育部公布的相关标准。实训基地的培训设备或模拟、仿真的技术水平要保持与同期企业生产使用设备水平相一致，并且要有一定的超前性。仪器设备配置合理，能满足学生独立操作的教学要求。实训场所的通风、照明、控温、控湿、水、电、气等各项指标达到设计规定的标准。实训基地应重视实训环境建设，借鉴和烘托企业文化，着力营造真实的工作环境和氛围。

实训基地应重视指导教师队伍建设。实训基地主任应具有高级职称；指导教师应以"双师型"专业教师和具有技师以上职称的能工巧匠为骨干，通过产学合作等，聘请企事业单位的管理人员、技术骨干、技术能手作为实训基地的兼职教师。兼职教师应占指导教师总数的 20% 以上。

实训基地应重视实训课程的建设与改革工作，努力建立符合高技能人才培养目标要求的，基本技能、专业技能、综合实践能力有机结合的相对独立的实践教学体系。要改变实践教学过分依附于理论教学的现状，增加工艺性、设计性、综合性的项目式实验实训课题，设计系列的、递进的专业技术与技能项目，积极实施与专业培养目标相匹配的职业技能的考核鉴定。

实训基地应重视实践教学文件与实训教材建设。凡教学计划中独立设置的实践教学环节，都应有相对应的实践教学大纲和明确的技能培养目标，并开发相配套的实训教材。实训基地建设应加强理论研究，实训基地的建设应产生一批校级以上的教学成果，通过理论研究，促进建设成果的推广应用。

五、实训基地组织管理与运行机制实训基地应是高职院校相对独立的教学单位，应有专门的管理人员和实践指导教师，建立科学、有效、严格的队伍建设和人员管理制度；有明确的岗位职责及分工细则，有严格的考核办法和奖惩制度，有落实的培养师资计划和实施措施。实训基地人员，特别是实习指导教师要有合理的学历、技术职务和技能结构，以保证实训工作质量的不断提高和实训基地建设的不断加强。

实训基地应建立科学、健全、严格的实践教学制度。建立健全规范且能严格执行的教学计划、教学大纲、教学规程等教学文件；建立职业技能、职业综合能力、职业素质有机结合的实训教学体系，并具有组织实施的各项规章制度；建立教学质量检查、监督、保障、调控体系，并具有规范的教学过程运行管理制度；不断开发新的实训项目，更新教学内容，改进教学方法，以保证教学质量与教学水平的不断提高。

实训基地在区域内资源共享，不断提高实训设施的利用率。按合作协议，在基地的统筹、协调下，区域内职业院校利用基地开展教学、科研及相关服务活动。为实现优势互补，基地应根据需要为行业、企业提供人力、培训、技术、智力服务。

实训基地应严格遵守国家有关部门颁布的法规及条例，建立实训环境管理和劳动保护的管理规定，安全操作管理规程和文明生产措施，营造良好的育人环境。实训基地的建设应吸收社会企事业单位的共同参与，参与建设的各方应本着"自愿、互惠、互利、双赢"的原则，实行股份制合作，建设各方以资金、土地、教育资源、人才资源、相关设备等入股，还可吸引外资实现合资、合作办学。

第六章 信息时代背景下高等职业教育的产学研合作

产学研合作教育是高职教育培养具有综合职业素质的技术型人才的需要，是高职教育办出特色的保证。在产学研关系定位中，教学处于基础和中心地位，科研和生产是服务于教学的。产学研结合是一个结构体系，人才培养是连接系统的主线。高等职业技术教育的任务是培养在生产和服务第一线对设计、规划、决策、智能操作等任务进行创造性地实施的技术型人才，要求学生不但要有一定的理论基础，而且要有很强的技术应用能力。要实现这个目标，客观上要求学校营造出一个优良的实践教学环境和工程教育环境。因而，理应把握高职教育的发展方向，走教学、科研、生产三结合之路，并形成一体化的办学模式，对学生进行全过程培养，无论从教育规律角度，还是从实践经验来看，都是必要和可行的，有助于推动高职院校的建设和发展。

第一节 产学研合作教育的内涵与目标

一、高等职业教育产学研合作教育的基本内涵

不同时期、不同国家产学研合作教育的基本内涵有着不同的表述。

美国国家合作教育委员会认为："合作教育是一种独特的教育形式，它将课堂学习与在公共或私营机构中有报酬、有计划和有督导的工作经历结合起来；它允许学生走出校门，到现实世界中去获得基本的实际技能，增强学生确定职业方向的信心。"美国合作教育规模最大的东北大学在2001年4月主持召开的"全国合作教育大会"中对合作教育的定义是："合作教育是一种将理论知识的学习、职业技能的训练和实际工作的经历三者结合在一起，使学生在复杂且不断变化的世界中更好地生存和发展的教育方法。"

加拿大合作教育协会指出："合作教育计划是一种形式上将学生的理论学习与在合作教育工作的雇主机构中的工作经历结合起来的计划。通常的计划

是提供学生在商业、工业、政府及社会服务等领域的工作实践与专业学习之间定期轮换。"

世界合作教育协会的表述是："合作教育将课堂上学习与工作中学习结合起来，学生将理论应用于现实的实践中，然后将在工作中遇到的挑战和见识带回学校，促进学校的教和学。"

虽然国际上对合作教育含义的阐述的角度略有不同，但核心思想是一致的，即合作教育是一种把学生的课堂学习与有收入的、有计划的和有指导的实际工作经历结合起来的教育模式，并且这种实际工作经历是与学生的学习目标和职业目标相联系的，或者说学生的实际工作经历是学生在学习期间的教学计划中的一部分。

到目前为止，中国高等职业教育不论是理论界，还是在高职教育第一线的广大教育工作者，对产学研合作教育还没有形成一个公认的表述。但综合多年来的理论与实践探索，已经形成了这样的共识：产学研合作教育是一种以培养学生的全面素质、综合能力和就业竞争力为重点，利用学校和社会（企业）两种不同的教育环境和教育资源，通过课堂教学与学生参加实际工作有机结合，来培养适合不同用人单位需要的应用型人才的教育模式。它的基本原则是产学合作、双向参与；实施的途径和方法是工学结合、定岗实践；要达到的目标是全面提高学生素质，适应市场经济发展对人才的需要。

二、"产学研合作教育"与"产学研结合"的区别与联系

（一）两者的主要区别

1. 提出的背景不同：实现社会主义现代化，科技是关键，教育是基础。在 20 世纪末期，我国在充分总结国际上发达国家经济发展的经验和教训，特别是美国和苏联正反两个方面的典型例子表明，直接影响到综合国力盛衰的根本原因就在于产学研结合的广度和深度。由于产学研结合对经济发展和综合国力的提高有巨大的推动作用，导致我国把产学研结合看作是提高综合国力的重大举措，于是我国产学研结合工程在 1992 年正式起动。

2. 基本内涵不同："产学研结合"是我国经济发展对高校与科研院所提出的新的要求，其出发点是建立企业与高校、科研院所之间密切而稳定的交流合作制度，逐步形成产学研共同发展的运行机制，探索一条适合中国国情的产学研之路。它的基本特征是科研与生产相结合，核心是经济，主体是科技人员，目的是科技成果产业化；"产学研合作教育"是培养我国当前紧缺的技术应用型人才而采取的一种有效方法。它是我国在特定的形势需要下对合作教育特有的称呼，产学研合作教育的核心是教育，主体是学生，目的主要是

提高学生对社会与生产的适应能力。

3. 整合的要素不同："产学研结合"最初指的是生产企业、高校和科研单位的产学研三方结合，随着政府、金融、投资部门和贸易部门的单独或联合介入产学研结合，极大地激发产学研结合的活力。通过这种结合，促进知识要素与生产要素的相互作用，将资本要素与知识要素和生产要素结合，可多渠道的沟通产、学、研与政、贸两大社会部类的经济关系，实现宽路径、高投入、低风险、高效益的共同利益目标，保障学研单位的智力优势顺利地转化为企业的技术优势和市场优势，维护科技—成果—商品—商品交换—实现价值的良性循环。产学研结合的基本特征是源泉、动力与导向的有机结合。源泉是学研——高职院校和科研单位，即知识创新的主体，知识优势的本源；动力是产——企业，即技术创新的主体，物质财富的直接创造者；导向是政和贸——政府和经贸部门，一个代表国家利益，一个代表市场需求，它们为产学研结合规定了发展方向。

"产学研合作教育"是把教学、科技、生产三者教育（育人）功能的诸要素密切结合起来，凝聚于高职教育教学全过程的内涵充实与外延扩展。通过这种合作，积极探索在社会主义市场经济条件下高职院校培养人才的规律，凸现高等职业教育特征；充分利用高职学校院内、外教育资源，创设与培养高素质的技术应用型人才相适应的环境和条件；优化人才培养过程，适应科技发展带来的产业结构和职业结构及职业岗位内涵与外延的不断变化，强化职业技术应用能力的培养。"产学研合作教育"的基本特征也是源泉、动力与导向的有机结合。源泉是生产——企业，即人才需求的主体，人才培养的资源共享源；动力是教学——高职院校，即人才培养的主体，合格人才的直接创造者；导向是科技——学生的技术应用能力，它为"产学研合作教育"规定了发展方向。反映了职业教育人才培养的客观要求、必然趋势和重要途径。

（二）两者的联系

1. 科学技术的发展靠人才，从这个角度说，两者有共同的基础和紧密的联系。适应科技发展带来的产业结构和职业结构及职业岗位内涵与外延的不断变化，强化职业技术应用能力的人才培养要求，既是作为接受人才的企业自身的最直接的需求，也是人才输出的高职学校的追求。

2. 在产学研三者关系中，不论生产力要素的整合，还是教育功能要素的整合，科技都起着先导、桥梁和纽带作用，以科学技术的推广和应用为载体，开拓市场，促进社会和地方经济发展，是教育和产业、企业发展的共同目标。

3. "产学研合作教育"功能要素的整合是建立在"产学研结合"生产力要素的整合的基础之上的，或者说"产学研合作教育"功能要素的整合必然要求与"产学研结合"生产力要素的整合相适应，教育功能要素是生产力要素在人才培养方向上的一种定向升华，没有"产学研结合"，就不可能有长效稳定的"产学研合作教育"。因此，"产学研合作教育"是"产学研结合"发展的一种重要形式，"产学研合作教育"是"产学研结合"在人才培养方向上的一种定向的高级发展模式。

三、高等职业教育产学研合作的目标选择

高等职业教育产学研合作的总体目标是：通过合作合理配置产学研资源，实现产业资本、人才资本和科技资本在人才培养上的优化配置，提高教育资源利用效率；更有效地培养高等应用型人才，为广大企业生产一线工作现场的职业岗位群输送具有综合职业能力的应用型技术和管理人才，以满足社会主义现代化建设的需要，为地方经济建设和社会发展提供人才支持、智力支撑和知识贡献，同时促进高等职业教育质量和效益的提高。

主要的具体目标的选择应包括以下几个方面：

（一）促进高职院校与企业的观念更新

虽然产学研合作教育工程开展已有十几年，但从总体上看，高职的思想观念、管理体制改革仍然滞后于经济和社会发展需要。高职院校必须主动地审视自我，转变观念，把加强产学合作看作是推进高校管理体制改革，提高办学水平和人才培养质量，使学校与社会密切联系，增强自身办学实力的重要途径；通过引人竞争机制，增强办学活力，挖掘办学潜力，优化教育资源合理配置，借助市场机制，逐步形成面向社会、自主办学、自我发展的办学新机制。要按照分流重组、优化配置、完善功能、合理定位的原则，调整高职教育科技活动的定位和方向、组织形式和运行机制，形成以应用研究、技术开发、技术服务为主体的科技服务体系。通过技术服务、科技开发为企业提供技术支持，并以此为桥梁和纽带建立起校企双方的信任意识、风险意识和激励机制，做到互惠互利，风险共担，双方信任，实现资源共享。

（二）保持高职教育的可持续发展

实行产学研合作的教育模式是高职教育自身发展的需要，更有利于高职教育的可持续发展。高职教育作为以就业为导向的专业技术教育，要想适应科技发展带来的产业结构和职业结构及职业岗位内涵与外延的不断变化，就必须转变观念，紧密结合社会经济发展的需要，改革教育思想、内容和模式。实行产学研合作的教育模式，使学校从封闭走向开放，有助于高职院校及时了解产业发展的实际状况、趋势、弊端和需要，寻求企业所需要的技术型人才的最佳培养手段和途径，保证高职教育过程始终围绕社会对技术应用型人

才的职业素质的总目标进行，形成主动适应经济建设和社会发展需要的积极性和动力，促进高职教育的可持续发展。

（三）调整和更新专业结构

通过产学研合作这个重要途径，增强办学活力的首要目标就是专业设置和调整中主动适应社会与经济发展需要，以人才市场需求为导向，拓宽服务面向，调整专业口径，加强学科间的交叉、渗透，不断优化专业结构，积极开拓教育服务市场。

1. 建立健全专业建设与改革工作的运行机制。根据行业和地方经济建设与社会发展的需要，做到对新专业开发和质量标准设计坚持进行广泛的社会调查和人才需求预测；对已设专业坚持进行社会需求调研、毕业生跟踪调查，并进行系统分析。专业设置都要经专业建设指导委员会、相关行业和企业的专家共同论证，充分发挥他们在专业建设与改革、教学开发等方面的指导作用。

2. 根据社会发展和经济建设的需求，适时设置或调整学校的专业和专业结构。高职专业结构应主动适应国家经济结构战略性调整、人才市场需求和提高国际竞争力的需要；主动适应经济的发展战略，特别是发展高科技产业、新兴产业、支柱产业和社会信息化的需要；主动适应加入 WTO 以后我国工业深化改革、创新发展对人才的需要，做到专业设置以人才市场需求和学生就业为导向，针对不同专业的技术领域和服务对象，做到专业口径宽窄并存，与其职业岗位相适应，与技术改造和升级对高职人才的需求趋势相一致。

3. 根据人才市场需求变化，不断丰富专业内涵，调整专业方向。高职学校根据社会对复合型高职人才的日渐增长的需求，加强各学科间的交叉融合和专业间的优化组合，应突破传统的大批量单一专业的设置方法，以解决社会需求的多样性、变动性和高职人才培养相对稳定性之间的关系。根据大中型骨干企业现代化程度较高、分工较细、岗位较稳定的需求，按岗位调整设置一批专业覆盖面较窄的专业；对生产规模较小的中小型企业，根据其技术水平较低、内部分工较粗、岗位变动较大的需求，培养的人才尽可能做到一专多能，按岗位群调整设置一批专业覆盖面较广的专业，按照专业大类对现有专业进行调整，形成一个专业大类带几个专业方向的格局。

（四）强化专业现代化建设

蕴藏在各级各类企业中的企业文化、技术力量、场地设备等都是高职院校办出特色的最有效的显性和隐性教学资源。实现产学研合作，使学校与企业在信息、技术、设备和人才诸方面进行全方位的交流与合作，并融合、吸纳于人才培养过程之中，有利于高职专业建设与行业企业发展的同步化与现代化。

在过去相当长的时期内，高职与社会合作往往只限于为社会、企业输送人才，企业成了事实上的人才接收者和使用者，更无缘参与高职人才培养的过程。校企之间通过产学研合作，在为企业提供高素质的人才和带来经济效益的同时，也把企业在市场运行中产生的以新工艺、新方法和新产品为代表的新知识、新理论引入高职课堂，以丰富和完善课堂教学的内容，增强实践教学环节，活跃教学气氛，促进教学改革。进而，针对现实问题，引导学生讨论和学习，使学生真正了解学与用的关系，了解新知识的真正作用，可以大大提高学生的学习兴趣，激发学生的学习热情，推动教学质量的提高，优化教学效果。

（五）提高学生的综合素质

近代实业家、教育家张謇先生针对当时的历史条件指出，"大世界今日之竞争，农工商业之竞争也。农工商业之竞争，学问之竞争，实践责任合群阅历能力之竞争，皆我学生应知应会之事也。"他倡导职业教育要"谋个性之发展；为个人谋生之准备；为个人服务社会之准备；为国家及世界增进生产力之准备"。

产学研合作的教育模式着眼于构建高职学生完整的知识、能力和素质结构，把以课堂传授间接知识为主的教育环境与现场直接获取实际经验、能力为主的生产环境有机结合于学生的培养过程中，使学生在一个较为完整的教育过程中既学到基本的理论知识，又在实践中获得技术应用能力和质量、效益、环保等意识及良好的行为习惯，成为企业真正需要的人才。高职院校的学生通过实践也将增加对企业的了解，熟悉工作岗位，缩短岗位适应期；企业也能够把对学生的学习指导与就业指导结合起来，并从中选择高质量的毕业生充实到企业中，为学生就业开辟新途径起到积极的推动作用。

（六）造就"双师型"教师队伍

通过产学研合作，在努力吸收社会、行业和企业物质资源的同时，还应努力吸收智力资源进入学校的教育过程。例如，从企事业单位聘请具有丰富实践经验的名师专家、高级技术人员和能工巧匠，作为改善专业教师队伍专业结构、更新教学内容、提高学生专业实训教学指导效果和培养学生职业技能的重要措施。

通过产学研合作，为教师提高实践能力创造了良好的条件和环境。教师，特别是专业课教师直接从事或参与围绕生产实践活动而进行的科学研究、技术服务或新产品开发等活动，将有效地改善教师的知识结构和能力结构，丰富教师的基础知识和相应的实际动手能力，同时也培养了教师应具有的敏锐的观察判断能力、严谨的科学态度、缜密的思维方法、科学的推理能力和立足局部考虑全局的工作观念以及不怕吃苦、勇于奉献的工作精神。产学研合作打破了学校与社会、理论与实践的界限，增加了教师接触实际的机会，通过深入生产一线，切身了解行业和企业的需要与发展趋势和实际工作岗位对知识、能力的具体要求，由此潜移默化地影响学生，这对提高学生的综合素质，培养学生的工作能力，都将起到积极的作用。

（七）整合高职实践教学资源

积极探索校企全程合作进行人才培养的全新途径和方式的范围十分宽泛，但利用社会、企业的物质资源进入实践教学的全过程是高职院校进行产学研合作的主要合作内容之一。长期以来，国家对高等职业教育的投资有限，学校受办学经费的困扰，高职院校的实习基地和实验实习设施已不能满足对学生实践能力培养的需要，更不可能达到技术应用能力培养的要求，实习基地已成为制约高职深化教学改革的瓶颈。良好的校企合作关系，不仅能加强实践环节的教学和训练，派遣学生到合作企业去实习，让学生亲身感受生产实践，学习生产知识；更重要的，高职学校除使合作企业成为可靠的校外实习基地外，还要求高职和企业建立起更加密切的联系，有机地结合学校和社会双方的优势，促进学生实际工作能力的培养，促进教学、科研、生产三结合，同时引导和促进学校主动与劳动、人事以及行业、企业的职业技能鉴定相结合，推行"双证书"——学历证书和职业资格证书并重制度，提高学生动手能力和职业素质，增强学生的就业竞争力。

第二节 高等职业教育产学研合作的条件

一、高等职业教育产学研三者的内在联系

从教育角度考虑，教学、科研、生产三者具有内在联系，它们共同构成了一个有机的整体。就对知识的影响而言，科研是开发知识，教学是传播知识，生产是应用知识。知识的开发、传播与应用应相互衔接，形成一种源流与反馈的关系。因此，把育人同发展科学、促进生产结合起来，从而促进人才培养质量和学校综合能力的提高，实现各种资源共享和效益最大化，正是高职教育"产学研合作"的目的和内在要求。在产学研合作的办学模式中，教学是核心，是高职院校作为社会教育机构的性质规定的。高职院校的教学包括理论教学和实践教学两大体系。理论教学是整个教学活动的基础；实践教学是理论教学的延伸，是教学与科研、生产相结合的"接口"。从整体上讲，高职院校的最终生存权取决于它能否培养出足够的符合社会发展需要和人的发展需要的技术型人才。培养高素质的技术型人才需要形成与之相适应的教

育观念和培养方式，需要创设与之相适应的环境和条件。技术型人才的技术应用特点和工作环境的综合性特点，要求学生具有多方位思考的能力和解决实际问题的能力。这是单一的学校教育环境所难以培养的，高职教育必须与科学研究和生产实践相结合，并不断提高结合的程度。所以，从人才培养的视角来审视，建立起教学、科研、生产三者紧密结合、相互支撑的教育模式，必将拓宽高职院校人才培养的实现途径，为教学方式的变革提供可能。科研活动在产学研合作的办学模式中起着先导和纽带作用。科研为教学提供新知识、新方法，提供培养学生创新能力的载体。高职教育的培养目标要求教育内容与生产技术的发展同步或领先于生产技术的发展，因此，仅仅满足于对成熟的技术和管理经验的传承与演练是不够的，必须把对技术的开发与转化研究作为教学过程的动力源，把高职教育过程变为学习已知与探索未知逐步结合与相互转化的过程，从而最大限度地激发学习主体的积极性、能动性和创造性。另一方面，科研是教学与生产相结合的桥梁，是高职院校进入生产领域、开展社会服务的根本保证。产学研合作，一方面开发了学校为行业和企业服务的市场，通过技术服务、技术开发和成果转化，为学校知识型成果转化为物质型成果和货币化成果提供了平台；另一方面，也为企业吸收先进技术，提升产品的档次，增强在市场上的竞争能力，开拓未来的市场提供了智力支撑。把校企双方牢固地结合在一起，为"产学研"合作创造更牢固的基础和条件，把"产学研"合作发展到更高级的程度。生产是教学、科研得以发展，完善教育教学机制的条件。高职教育是伴随着工业化的进程产生和发展的，是与现代生产的发展互为条件的。从专业教育角度讲，生产是最重要的实践活动，是认识发展的源泉。生产为教学提供实践对象和条件，某些不易言传的经验及应变方法、特定的职业素质，只能在具有真实性、先进性和复杂性特征的职业生产环境的实际体验中才能形成。所以，生产是高职教育必不可缺少的教学条件，是高职教育办出特色的关键所在。高职院校进入生产环节，拉近了学校与社会的距离，沟通了学校与社会的联系，也为高职院校职能内涵的丰富和更新提供了动力和源泉。

二、产学研合作教育人才培养模式的校内要件构建

通过对产学研合作教育人才培养的典型模式和成功的案例分析，产学研合作教育人才培养模式的构建，高职院校内必须具备相应的基础和条件，这些基础和条件可以归纳为平台体系、策略体系、结构体系和机制体系的群集以及群集内各要件的内涵与功能的变化、满足的程度、合理的选择和有机的组合。

（一）建立不同功能、不同层次的产学研合作教育的实施平台体系

1. 利用校外教育资源，在企事业及相关行业共建实践教学基地

实习实训条件是培养高职人才的重要物质基础。蕴藏在各级各类企业中的企业文化、技术力量、场地设备等都是高职办出特色的最有效的教学资源。例如，充分吸纳、利用校外教育资源，让用人单位直接参与学校的人才培养全过程，有利于学校走出封闭办学的模式，促进人才培养更加适应社会的需要，也有利于高职院校优化人才培养过程，解决教学内容脱离实际、教学方法落后、实践教学环节薄弱的问题，解决学生的能力和素质培养不够、专业面偏窄、适应性差等现实问题，从根本上提高人才培养的质量。高职院校与有关企事业单位充分合作，在校外建立稳定的实践教学基地，稳定的生产实习、岗位实习、毕业实习基地。学生阶段性生产实习、岗位实习、毕业实习均在有培养任务的单位完成，单项实习、与课程相关工序实习基本上在实践教学基地完成，使学生能与真实的职业环境零距离亲密接触，从而达到"借鸡生蛋"的目的。

2. 发挥学校优势，吸引校外企事业单位与学校共建科技研发中心、实验（实训）室

学校拥有一支科研与技术开发方向明确、具有相当实力的研发队伍的优势，采取多种形式加强与企事业单位合作实施课题研究和产品开发，共建具有确定的研究方向、具体领域的技术、产品、工艺合作项目等性质的研发机构，可促使企业成为学校科技项目的来源地，校企合作技术开发、科技成果转化的基地，学生进行科技实践的基地。同时，发挥这种机构在专业联系企业中的桥梁作用，拓宽产学研结合的途径，在提高产学结合的广度和层次的基础上，同时也利用了企业的科研设备，大大改善了科研条件。吸引企业在学校内建设实训中心、实验室时，学校力求企业提供大部分关键设备，达到当前企业信息化管理全真的实训条件与环境以及全套企业软件和设计系统。学校利用学生毕业后分布广的特点，为企业的产品推广提供服务。

3. 引进校外智力资源，建设兼职教师队伍

学院从合作单位中选聘具有丰富实践经验的工程技术人员或基层管理工作者等作为兼职教师，改善师资队伍结构。例如，聘任企事业单位、行业人员在校内兼任专业教师；学生在校外实践教学基地生产实践的全过程均有企业指定专业技术人员进行指导；在名牌大学、科研院所建立教师定向培训基地；聘请名牌大学、科研院所等单位的高级技术人员担任学校兼职教授等。

4. 主动适应社会需求，拓展校行、校政结合的空间

学院加大校政结合的力度，主动围绕地方经济与社会发展的需求，在地

方行业中树立良好的信誉，赢得地方政府的信任。同时，积极加强与行业的联系。例如，发展工程技术研发中心、地方公共技术服务平台等科技中介机构。

5. 创建与社会联系的桥梁，积极稳妥地发展校内科技机构

这些科技机构均按现代企业制度建立平台，通过有效的激励措施，提高教师参与科技开发工作的积极性，提高校内科技人员与企业协作交流的能力，迅速拉近学校科技力量与市场的距离；通过市场化的运作和一定的资金投入，加快科技成果的转化，实现以专业带动产业，以产业牵动专业，使之成为专业联系企业的桥梁，充分发挥校内科技产业在产学研合作和对外进行科技服务方面的窗口作用。同时，校内科技机构为教师和学生学习提供开展科技实践活动的场所，拓宽培养教师和学生工程实践能力的渠道，促进教学与实际生产过程的融合。

6. 突出专业特色，建立专业师生工作（创业）室，并不断发展为校内科技开发规模体系

专业教师根据自身专业知识结构与实际操作能力，确立自己的主攻方向，成立有专业侧重的工作室，并与一家或多家企业定向结合开发新产品。教师工作室公开在全校范围内招聘学生，进入工作室的学生有各自的岗位职责，严格遵守工作室规章制度与考核标准，这样，学生不但在专业知识与能力方面有了很大的提高，同时也培养了自身的敬业精神与管理意识，培养出来的学生不单纯是技术人员，而是集技术、工艺、生产、管理于一体的综合型人才。

（二）建立不同序列、不同形式的产学研合作教育的策略体系

1. 建立行业企业广泛参与的产学研合作教育的组织系统，确保产学研合作教育工作的健康发展

高职院校的"产品"是毕业生，其服务的对象是企业或相关行业。作为一个服务的高职院校应主动征求客户对"产品"的要求，重视客户对"产品"使用情况的反馈，培养出适销对路的人才，否则就会没有市场，进而失去自身生存与发展的空间。为此，学校与政府、行业的有关领导、用人单位的主要领导、高等院校及科研所的专家共同组建院"产学研合作"工作各类组织，建立议事和定期联系制度，充分发挥这些组织在加强与企业密切结合方面的作用。例如，协调产学双方"产学研合作教育"工作；统筹安排各专业"产学研"合作的相关事宜；检查、评估和指导学院"产学研合作教育"的实施情况及实施效果；具体指导专业设置及人才培养方案的制定，指导师生开展技术开发、技术推广等科技工作指导校外实践教学基地的建设、教育质量的信息反馈、培养方案的优化等方面的工作。

2.举办产学研合作教育工作洽谈会，拓宽学校与企业或相关行业合作培养人才的渠道

利用与学校有联系的省、市的各类人才交流会、产学研合作项目对接会、校毕业生双选会、校招生信息发布会等一切机会，开展产学研合作人才培养洽谈。提出学校与企业、行业和政府结合教育培养人才的目标、优势、环境、结合教育的条件和方式等信息，让合作者在诸多候选对象中进行比较，促进学校与企业或相关行业双方选择合作伙伴，根据双方内在需要选择适当的合作方式，校企双方围绕共同目标，在人才培养、科学研究、发展生产三个方面进行全面的合作，将各自的部分力量集中起来，统一规划，统一管理，统一使用，实现效益的最大化。选择合作伙伴时遵循的原则是：合作者们要具有共同的目标、共同的意向和意愿，同时注意合作伙伴的良好信誉，以降低风险。

3.开展技术培训，推动校企双方人员交流和人才培养

学校从教育服务社会的角度出发，树立大教育观，针对不同区域、不同行业、不同层次、不同职业岗位的技能要求及不同企业的实际需要，开展多种职业教育与培训；或与企业建立定向培养机制，对提供较明确的就业岗位的企业，学校按岗位要求对有意向到该企业就业的学生采取量身定做的办法，开设必要的选修课和专门技能训练课，为企业定向培养人才；或通过优先推荐毕业生等办法，多渠道、多途径让企业得到更多的实惠，吸引企业参与到学院人才培养过程中来。随着学校为企业提供的服务越来越充分，企业与学校共建实践教学基地，企业承担相关实践教学任务、接纳学校选派部分教师到企业进行实际锻炼、选派具有丰富实践经验的工程技术人员和基层管理工作者担任指导教师或到学校担任兼职教师的积极性越来越高，进而为校企在更大的深度和广度上开展产学研合作教育提供了基础条件。同时也为社会发展构建高职教育的服务体系，为学校实现办学类型多样化和办学形式灵活化的办学格局，赢得了广阔的教育市场与发展空间。

4.开展技术服务和课题研究，发挥科技在产学研合作教育中的先导和纽带作用

学校发挥人才、技术、科研等方面所具备的一定优势，一方面为企业解决生产实际问题，开发新产品，提供"短、平、快"的科技服务与科技成果转化，加速了企业发展的步伐；另一方面积极与企业、行业和地方政府联合开展课题研究，通过项目的合作，获得较好的经济效益，赢得企业的信任，消除企业对技术外流的担心和疑虑，与企业建立良好的关系，增进与企业的友谊。

（三）推行产学研合作教育为主线、"教学做"一体化的教学模式的实践教学结构体系

1. 在实践教学的安排上

从系统的角度出发，完善和优化培养方案整体架构，将实践教学与理论教学、毕业设计和就业等环节有机地融为一体，充分调动学校、用人单位和学生三方的积极性，基本得到实践教学过程中的质量保障。在内容上，由单纯加强与巩固所学理论知识向全面提高学生素质转变；在就业问题上，由统一集中安排学生向与用人单位为学生提供较明确的就业岗位，双向选择分散安排，学生阶段性生产实习和毕业实习与就业单位的一致性转变，努力解决毕业生就业问题；在考核上，由对学生的定性评价向定量考核，由学校考核为主向企业用人单位考核为主转变，整个实践教学效果的考核均有企业人员全程参与；在费用上，由学校支付实习费用向绝大多数学生能获得报酬转变。

2. 在实践教学内容体系上

按由低级到高级、由基础到核心为主线构建基本技能到技术应用能力这种完整贯通的实践教学体系。实践项目的安排体现由简单到复杂、由单项到综合、由模仿到创新，循序渐进分别安排，并做好五个层次的工作：一是以公共课为理论基础，相关实验室为基地，逐步增加小型的综合性、设计性、研究性实验，完成实验基本技能的训练，培养初步的创新意识和动手能力；二是以专业基础的理论和技术为核心，以综合性实验中心为基地，增大实验的分析性、设计性和研究性，在教师的指导下学会如何寻找问题、如何假设、如何设计实验、如何分析数据、如何分析实验结果，使学生掌握实验研究的基本手段和方法，培养学生分析和解决问题的能力，激发创新思维；三是以专门课的理论、知识、分析和解决问题的能力为基础，结合课程设计，以专业实训中心、设计中心、技术开发中心、校内实习工厂为基地，模拟成熟的技术和已完成的课题的研究过程和方法，在真实的研究环境中，使学生体验到技术开发与应用的现实要求，培养学生科技开发与科技服务能力；四是结合专业生产实践，到相关的企业直接收集和确定研究课题，以校内和企业相对应的设计中心、技术开发中心为基地，在教师指导下，根据学生的研究能力，完成技术开发、产品设计、工艺设计与实施；五是把企业的技术改造、工程项目、产品开发、设计创新等企业需要解决的技术问题作为毕业设计的课题，让学生在现代工业技术训练的良好的工程环境中，亲身感受企业所面临的挑战与机遇。

3. 在实践教学各个环节上

按培养方案的总体规划，处理好教学、应用技术、生产实践三者的关系，

在教学计划中统筹安排好学生在学期间的社会实践、生产实践、技术应用与产品开发，逐步提升"产学研合作教育"的层次。一是以专业相关知识为基础，以生产实践中的典型应用技术为载体，以技术开发与应用等案例为主线，安排理论教学内容，将理论教学融于专业职业能力的培养和企业的生产实践中。二是按实践教学体系与理论教学体系互相渗透、相互融合、有机交叉的要求，形成并行的"两条线"课程设置模式，并根据学生的个性化和企业的岗位要求对学生开设必要的选修课和专门技能训练课，实践教学既与专业职业能力的培养和生产实践相结合，又与企业当前的技术改造、新产品开发、新工艺的设计和实施相结合，努力缩小学校教育与企业、经济发展对技术应用型人才的要求所存在的差距以及在培养目标和规格上与社会需求相脱节的现象。三是按各种社会实践和生产实践紧密联系专业知识和职业能力的要求，以新产品的开发、新技术的应用、新工艺创新研究以及新设备的安装调试、新产品市场营销推介等方面的活动为载体。四是生产实践力求在实际环境下，明确任务和职责，真干实做。阶段性生产实习和毕业实习要求学生以"职业人"的身份顶岗从事生产性工作，承担工作岗位规定的责任和义务。学生作为一个真正的工作人员，在一个真实的工作环境里，完成一项真实的工作任务。通过社会实践和生产实践，可以更好地发挥社会教育资源的作用，促使学生接触社会，了解社会对人才的要求和自身的不足，使学生不仅思想上受到教育，业务上得到提高，同时也使学到的理论与生产实际紧密结合起来，从而弥补课堂教学的不足。五是建立与完善学生参加科技活动和社会生产实践的形式和体系。突出专业特色，以鼓励创新为主题，以专业的新产品、新工艺、新设备、新型管理等方面新技术的开发和应用为核心内容，以学生为主体的科技活动和生产实践，贯穿于人才培养的各个环节。变过去只了解、配合专业学习，掌握专业技能为向劳动人民学习，提高素质、锻炼工作能力，培养团队精神、创业精神和创新能力。

4. 在校内实践教学物理环境和实施形式上

贯彻理论与实践相结合的原则，根据工程实践、专业技术过程、生产现场环境要求，在提高实验实训场所使用效率的同时，模糊教室、基础实验室与专业实验室的界限，模糊理论教学与实践教学、专业教师与实践指导教师的界限，注重围绕实际工作岗位、工程项目开展教学，切实提高学生的实际工作能力。教、学、做一体化，按照"从低级到高级、从基础到专业、从单项到综合、从模拟到创新"的要求，对实践教学设施重新进行合理科学的规划与建设，积极创设真实或仿真的生产设计和生产流程的实践教学环境，使实践教学环境凸显"工厂化"和科技综合化。

（四）改善学校内部的运行环境，建立产学研合作教育实施的内部保障机制体系

1. 确立产学研合作教育理念

实行产学研合作教育的人才培养模式的关键是教师。为了使产学研合作教育能够始终贯穿于整个教学实践中，从而让师生感悟到这种理念并自觉践行这种理念，学校应引导全体教职员工明确高职教育的性质、任务和培养目标以及实现这一目标的培养模式，强化高职教育的质量意识和特色意识。实行产学研合作教育是体现出以技术应用能力为主线的高职教学最根本的特色，是高职教育的客观要求和必然趋势，是高职教育人才培养的必由之路。实施产学研合作的核心是教育，学校是合作教育的主导方，学生是合作教育的主体，企业、行业是产学研合作教育的主要动力。学校要从企业自身的需要出发，只有把不断变化中的企业对人才知识结构、能力结构和素质结构的要求，体现到学校的教学改革方案中去，使企业可以源源不断地从高职院校招聘到称心如意的技术应用型人才，才能充分调动企业与行业参与产学研合作教育的积极性。

2. 推行教师联系企业的制度

例如，推行"访问工程师"制度、在企业实质性挂职制度，每位专业课教师至少有一个长期联系的企业；或下厂实践，就专业相关的有代表性的企业的设备、产品、生产技术与工艺、技术人员结构、岗位变化、发展方向，对人才需求的规格、层次、数量等情况进行抽样调研，并提交调研报告；或每年直接面向企业、面向生产，参与技术开发、技术转化与技术改造，至少开展一项科技服务等等。教师与社会和生产一线的联系更加密切，取得了生产最前沿的信息，优化了教师的专业知识与职业能力结构，促进了"双师型"教师队伍的建设。

3. 让学生参与科技实践

（1）学生参与设计工作：以高年级学生为主体，成立学生科技工作室，在老师的带领下，参与企业技术、产品、工艺的开发与设计，以此提高学生的产品设计能力和实际开发能力。

（2）吸纳学生参与教师的科研项目：加大有学生参加的科技项目经费的支持力度；实行以教师寻找项目组织学生，或以学生寻找项目邀请指导教师两种形式申报学生小制作、小发明、小创造项目的立项制度；要求学生在校期间至少在系科技产业参加一项工程实践、技术应用或工艺与产品开发项目，或让学生实实在在地参与院科技产业的贸易过程。这些实践过程不仅增强了学生的工作经验，更重要的是使学生对企业经营方式与市场规律有了切身的

体会，使他们在面临就业时显得从容不迫，胸有成竹。

（3）产学研合作进行毕业设计：此做法的特点是：毕业实习与毕业设计工作同时在学生有意向就业的企业进行；企业工程技术人员、管理人员与学校教师共同指导毕业设计；强化毕业设计课题的选题工作，努力提高来自生产实践、解决当前技术问题、承担企业的工程项目、为企业开发工程产品的这类课题的比例，力求真题真做，有效地提高学生的综合素质和就业率，同时也满足了企业对人才的要求，达到校企"双赢"的目的。

（4）广泛组织开展以学生为主的各类科技活动：将各种科技比赛纳入课程设计教学中，定期举办科技节和组织开展科普宣传周活动，举办各类学术讲座，经常举办小型作品展，以增强学校学术活动的氛围。与此同时，学校鼓励和支持学生走出校门，投身经济建设主战场，发挥学生的主观能动性，寻求多领域、多形式的社会实践机会。

三、产学研合作教育人才培养模式的外部运行机制的构建

（一）目标一致的动力机制

高职教育产学研合作机制的主体是高职院校、企业或相关行业，一方是人才的输出者，另一方是人才的接收者。双方的生存与发展是推动产学研合作最主要的动力来源，企业可以源源不断地从高职院校招聘到称心如意的技术应用型人才是学校和企业的共同目标。

对高职院校来说，应以不断更新、提升一线劳动者素质为己任，围绕职业岗位进行课程设置，改革教学内容和模式。立足三个"着眼于"，即着眼于构建高职学生完整的知识、能力和素质结构以及一个较为完整的教育过程；着眼于完善高职学生生产实践在一个真实的工作环境里，作为一个真正的工作人员，完成一项真实的工作任务、以生产实践为核心的实践教学体系；着眼于更好地发挥政府、行业企业等社会教育资源的教育功能。推动三个"有机结合"，即在学生的培养过程中，把以课堂传授间接知识为主的教育环境与现场直接获取实际经验、能力为主的生产环境有机结合；专业职业能力的培养既与社会实践和生产实践有机结合，又与企业当前的技术改造、新产品开发、新工艺的设计和实施，提高学生的技术应用能力有机结合；把社会实践和生产实践与学生接触社会、了解社会对人才的要求和自身的不足，锻炼工作能力，爱国、爱岗、敬业教育和创新意识等素质培养有机结合。使学生成为就业有优势，创业有能力，继续教育有基础，持续发展有空间，企业真正需要的技术应用型人才。

企业及相关行业生存与发展的关键在于员工的素质，所面临的最大问题

就是高等技术应用型人才严重缺乏以及整体员工素质不高的问题。这就要求企业也应从自身的需要出发，主动介入高职院校的教学改革与实践，把不断变化中的企业对人才知识结构、能力结构和素质结构的要求，体现到学校的教学改革方案中去。这样企业就可以源源不断地从高职院校招聘到称心如意的技术应用型人才，进而增强自身生存和发展的能力。

（二）互惠互利的利益机制

产学研合作在某种程度上是一种利益驱动的合作，存在着利益上的协调与制约。这种制约不是相互之间的牵制和对抗，而是要求彼此相互适应。社会主义市场经济条件下，产学研合作进行人才培养的各方都是独立的利益主体，开展产学研合作培养人才对各方都有一定的好处。利益机制包括利益的分配方式和调适关系两个主要方面。

按一般的分配原则，就义务与权益的关系而论，首先应明确合作者在整个过程中所承担的义务和职责，并以此为基础确定合理的权益，这就需要彼此间进行反复的磋商。产学双方的受益体现在物质资源和智力资源两个主要方面的价值交换，在一定意义上这种价值交换决定着产学合作的广度、深度与层次。其次，随着合作后运行条件的变化，合作双方在适当的时候，还必须对所确定的权益做出适当的调整，合作者相互之间应以公正、谦让的姿态对待分歧。高职学校应把使企业在产学研合作教育中利益获得最大化作产学合作的出发点、切入点和落脚点，以主动给予来建立互惠互利的利益分配和调适机制，明确提出"与企业共拓市场、共创价值、共享利益，建立利益共同体"的合作目标，主动采取多渠道、多途径让企业得到更多的实惠，吸引企业参与到学校人才培养过程中来。

（三）共守协议的互信机制

在市场经济的条件下，任何合作都必须遵循一定的游戏规则。因此，产学研合作的游戏规则一般是以合同或协议的文体形式确定下来，进而建立与协议相适应的一系列互信制度。这些制度包括风险承担、利益补偿、争议协调等方面。这是由于：一方面，任何一种机制的形成和正常运作，都需要有制度或协议来保障。提出产学研合作的行为机制，并通过一定的方式明确、物化下来是十分必要的。不管是合作者中哪一方的行为，都必须用一定的形式将其程序化，如在合作章程中、在协议中加以确定，双方共同遵守。一旦出现行为偏差，矫正有章可循，防微杜渐，有助于产学研合作平稳运作，平稳推进。另一方面，这种协议只是产学研合作的各方在合作实施前对权利与义务的一种规定，因为往往在完备性、可操作性，在实施过程中产生分歧的预见性等方面存在着许多缺陷，长久稳定的合作关系首先要以互相信任为前提，建立互相协商、互相信任制度，对增强互信，同心合力取得共识，具有重要意义。

（四）优势互补的选择机制

有的学者把产学研合作的过程分成如下几个阶段：知晓、比较、选择以及实施。其中，"知晓"就是"知道"和"晓得"与合作有关的必要信息（主要包括谁想合作、它为什么提出合作、它的目标是什么、它有哪些优势、如何进行合作、其环境条件如何、需要哪些外部条件支持等七个方面的信息）；"比较"就是一方面要对"合作"与"不合作"进行比较，比较二者可能的利弊和得失，另一方面要对诸多候选对象进行比较，比较他们的上述七个方面的主要信息，以选择符合条件的合作伙伴，这是合作能够取得成功，并保持持久合作的前提。选择合作伙伴时应遵循的原则是：合作者们要具有共同的目标、共同的意向和意愿，更重要的是合作双方要能够优势互补，使得"1+1＞2"。只有合作双方优势互补，合作各方之间才能寻求到互惠互利、产学相长、共同发展的切入点和结合点。

"产学研合作教育"人才培养模式改变了高职封闭刚性的教育模式，扩大了人才培养的途径。它的组合方式是丰富多样的，既有初级的比较简单的结合，又有比较高级、基本形成网络系统的结合；既有宏观上的高职教育发展和经济发展的有机结合，也有微观上的办学体制、育人过程的结合。总之，产学研合作是一个多层次、双向互动的协调体系，随着社会和经济的发展，教学、科研和生产必将在更大规模、更高层次上实现有机结合。从不同角度审视产学研合作形态，对于构建相应的人才培养模式的结构和实施操作具有一定的参考价值。

从产学研合作的组织方式特征观察，主要有三种形式：

1. 自由结合式：在自由结合的过程中，以共同利益为原则，形成共同利益联合体。在这个联合体中，合作的各方按共享资源的份额决定起主导作用的一方。该联合体一般具有长期合作的特征。这种形式适合行业、专业对口特征明显的高职院校选择产学研合作方式。进行自由结合的难点在于"自由"。要按此方式实现产学研合作，合作的各方需在各自的领域中具有显著的优势，对其他结合方可产生强大的吸引力。所以，这种结合方式实际上是一种强强结合。

2. 项目契约结合式：用具体的项目，将合作各方结合到一起。项目的提出者既可以是企业，也可以是高职学校。如果项目所产生的效益分别与产、学双方的某些利益一致，就可在相关的方面之间形成局部的共同利益，进而形成以项目为纽带的契约结合。由于企业是项目成果的最终使用者，企业根据自身的需求，项目契约结合关系随项目合同关系的产生而产生，随项目合同关系的解除而解除。这种形式适合临时的、动态的产学研合作。

3. 政府集成式：政府或行业部门根据社会经济的总体利益和长远利益，制定发展规划和实施纲要，并用一定的组合形式，将合作各方集合在一起。各方以政府意志为核心形成共同利益，进而形成以政府为纽带，并受政府行为控制的产、学、研合作要素的定位和选择关系。在这个结合关系中，政府是相关各方共同利益的代表，处于核心地位。它一方面代表行业、企业提出合作的需求，另一方面代表高职院校提出供给的要求，同时提供实施所需的运行与保障制度。合作各方分别与政府部门发生直接的项目合同关系，并经合同关系实现产学研的合作。发展规划由多个具体项目组成，并不因具体项目的中止而中止，所以政府集成式具有长期性和稳定性。这种形式适合大规模、周期长的产学研合作。

行业与企业要支持相关职业院校进行办学体制改革，建立主要由企事业单位代表参加的专业教学指导委员会，为他们作用的发挥创造条件。教育行政部门和职业技术院校要关注劳动力市场需求变化，根据企事业单位用人需求，调整专业方向，确定培养培训规模，开发、设计、实施教育与培训方案，要把满足企业的工作需求作为课程开发的出发点，全力提高教育与培训的针对性和适应性。

从产学研合作的规模特征观察，主要有三种形式：

1. 阶段或成分合作式：这是当前高职开展产学研合作的主要形式。通过合作合同，以法律为依据，以政策为指导，风险共担，利益共享，使产学研各方的责、权、利得到保证和约束。这里的阶段或成分可以是人才培养、科技项目或技术开发过程等方面的部分。目前阶段合作形式有"2+1"模式、"学工交替"模式等；成分合作形式有"实训—科研—就业"模式、"工学结合，校企双向介入"模式等。

2. 全面合作式：高职院校依托自己的专业、人才和智力优势，与企业在人才培养、技术开发、产品更新、技术咨询和信息引进等方面进行广泛合作，通过校企联姻，智力渗透、出谋划策等，由点到面，逐步展开，共同探索建立一条全方位、多角度、深层次的产学研合作模式。目前这种全面合作式有"全方位合作教育"模式等。

3. 共建式：共建式是目前产学研合作最高级、最紧密的形式，也是最为重要、最有成效、最为成熟的合作方式，是高校开展产学研合作的发展趋势。高职院校与政府、行业或企业共建式的产学研合作形式主要包括产业或科技实体型的联营企业（工厂、公司）、研究开发机构（研究开发中心、工程研究中心、试验基地、研究所)和体制一体化的或实质性合作办学两大类型。目前已有相当一部分大中型企业与高职院校进行了共建实体模式合作,这表明高职院校与企业的产学研合作已经从松散型向紧密型合作发展。影响高职院校与企业开展共建实体模式合作的主要因素有:合作各方在资源、条件上的相互依赖性;具有共同的发展目标和利益趋向,合作者之间有比较完善的管理体制和运行机制;有确定性的合作内容、途径、方式和具体措施;有明确责、权、利的合同与协议;有前景好的利益分享。

从产学研合作的组织特征观察,主要有三种形式:

1. 松散型:它是一种以某项任务为纽带的初级合作类型。合作内容单一,层次较浅,时迁性大,功能效果低。

2. 协约型:这是一种以合同、协议为纽带建立起来的较为稳定的合作类型。这种类型结合较为紧密,灵活度高,适应性强,是目前应用较为广泛的一种类型。

3. 实体型:合作双方按一定的组织形式组成实体。这种类型具有独立性强、组织程度高、结合紧密,有利于校企之间保持长期稳定的合作关系,形成优势互补、互利互惠、共同发展的良性循环局面,是产学研合作办学模式追求的最高目标。

从产学研合作的实施特征观察,主要有四种形式:

1. "三明治"形式:这种模式是把学生的分配和工作实践结合在一起,将学生在校学习分为三个阶段,前一阶段以校内培养为主,完成全部或部分理论课程的学习以及规定的实践基础训练;第二阶段以企业培养为主,根据用人单位和学生双向选择,预分配到用人单位,以见习技术员身份参加工程实践,培养技术应用能力;最后一阶段回校,学生自由选择专业方向和适合自己发展的课程,并完成自己在工作实践中选定的毕业设计课题,完成学业。这是一种学习—实践—再学习、双向参与的教育模式,是培养具有较强实践能力的、工程应用型高级技术人才的有效途径。

2. "工学交替型"形式:这种模式是把学习分为四个或四个以上阶段(实施该模式的学校通常是将每学年分为三个学期,其中两个理论教育学期,一个到企事业单位顶岗实践的学期),由基础到专业循序渐进,理论与实践相结合,课堂教学与工作实践交替地进行。这种模式适合于企业密集的工业城市,否则,不容易大面积推广。该模式能持久下去的一个关键问题是企业要认识到学生来厂实践不单是要企业投入人力物力,同时也能为企业创造一定的效益,符合互利互惠的原则。当然,这种模式的实施需要学校与企业的主管部门以及政府的大力支持和积极参与。

3. 中后期结合形式：这种模式是学生在校学习期间，在完成了大部分学习内容后安排一次较长时间的实践活动，一般为一学期至一年不等。这种模式由等学校分配实习单位向学生在学校指导下自己找工作单位转变；由学校靠政府行政命令安排学生向学校找市场转变；由统一集中安排学生向与用人单位双向选择分散安排转变；由对学生的定性评价向定量考核转变；在很大程度上与预就业有机结合。这种模式很容易实施，在大部分高职学校均有多年实践。

4. 项目任务形式：这种形式是在教师的指导下，通过完成社会或用人单位提交的实际项目，如调研任务、采访任务、规划勘测任务、工程项目、产品开发项目等，培养学生的实践能力、创新能力和创业精神，提高学生的综合素质。这种形式实施至少有两个前提条件：学校与社会、企事业单位已建立起科技服务的网络体系，教师具有很强的科技服务能力；由于任务的大小、时间的多少的不固定性，还需要有一个比较灵活的教学计划和教学管理体制。

第三节 对深入开展产学研合作教育的思考

一、产学研合作教育的社会环境优化

随着我国计划经济体制向市场经济体制的转变，对高职学校如何有效地加强与企业的联系，特别是在共同培养企业适用人才方面遇到了新的困难与问题。企业作为具有独立法人资格的经济实体，在自主决策、自主经营的情况下，首先想到的是在科学研究层面上同名牌大学的合作，而往往不大情愿接收高职学生的生产实习和实践锻炼，其主要担心是怕打乱企业的正常生产秩序，降低企业的经济效益。因此，在新形势下，如何通过体制创新、制度创新、政策导向等解决产学研合作培养人才上所遇到的实际困难，是一个亟待解决的问题。可以肯定，要解决这一问题，单靠高职学校或是单靠企业都是无能为力的，需要政府从全局、整体、长远的角度，站在高职学校、企业各自局部利益之上，尽快制定相应的政策、法规，充分发挥政府在宏观调控方面的特殊作用，积极作为，以引导和激励各方的合作。

二、产学研合作教育的教育内部环境优化

高职教师职称评定的导向是教育内部环境优化需首要解决的问题。智力资源的优势是与企业合作的基础，在与企业合作中，企业需要的是"生产型"、"市场型"成果，学校智力资源主要投向的是应用研究和技术与产品开发。但

现行大部分地区仍将高职教师的职称评定纳入普通高等学校序列，这种以普通高校人员为主的职称评定模式，决定了更多地关注项目的研究、高级别的学术论文和获奖，真正解决企业实际问题的教师被认为最多是把人家的思想付诸实施，学术水平不高，最后可能被同行评为没有开创性。教师的科技工作更多是学校利益的驱动和企业的市场利益驱动，而缺少教育内部的学术利益驱动。企业对技术需求不足可能导致企业领导对产学研合作教育的短期行为。

三、产学研合作教育中的政府职能转化

美国政府的引导与政策的倾斜对美国大学开展产学研合作教育起着重要推动作用；而英国政府组建全国性的教学公司来组织和协调高校与企业之间的合作教育。这些都充分说明：政府对提倡、推动、组织、协调、激励和引导产学研合作教育正常、深入、有效地开展具有重要的职能和不可替代的作用。政府不仅要设立产学研合作教育的组织管理协调机构，为合作创造良好的环境与条件，为保证产学研合作教育和技术创新活动的健康发展，进行必要的宏观调控外，各级政府还必须牵头设立适当的组织管理协调机构，以组织和推动产学研合作教育项目的实际落实。同时，这些机构还必须联合政府部门、高职院校和政策研究机构，大力开展产学研合作教育相关的理论研究与政策分析，制定切实有效的政策措施和管理办法，做到资金和政策的组合投入，提高总体投资效果，促进产学研合作教育的顺利发展。

四、产学研合作教育的层次

一是中国高职院校与企业之间的合作教育，起初是进行简单的技术与人力的转移。如较为常见的"三明治"式、"工学交替式"、生产实践式等模式，这些模式一般要求学生集中于一两个专业对口的部门进行工作，且把合作教育限制在应用技术学科这样一个比较狭小的范围内，这样培养出来的人才并不能适应未来知识经济社会发展的需要。因此，应该借鉴美英两国的成功经验，尽快转变我国产学研合作教育的指导思想，应该围绕技术创新和人才培养所需的各要素，开展包括知识、技术、人才、信息、资产和管理在内的全方位、多形式、深层次、规范化、内容广泛的联系与合作教育。确立"全人教育"的指导思想，培养能够面对复杂变幻的实际环境，能够协调、应变、计划、组织的复合型人才，应该给学生提供多种机会和环境，多个社会生产领域和部门，而不仅仅是完成指导，或最多只是给予某一方面的实践教育。

二是纵观产学研合作教育发达国家的实践，可以发现：各种合作模式大都以培养学生的科技创新意识与实践创新能力为最终目标，而不仅仅是工作

实践。高职学校内缺乏真实意义的知识、技术创新的氛围和训练过程。而产业与科研系统较之学校教育系统不仅更直接地面对知识、技术创新的实际，而且蕴藏着教育的潜能。因此，我国高职院校要充分利用与企业的合作机会，使学校的科技创新活动深入产业的创新活动，这里当然存在着如何适应高职学生科技活动的层次定位和对科技能力要求准确把握的问题。通过广泛吸收学生参与实际的科技活动，可使学生充分体会科技创新的感觉，与教师和企业科技人员共同承担、开发项目，共同体会成就感，亲身、亲历总结和体验创新氛围与过程，从而增强学生科技创新能力。为了使学生有充分的时间和精力参与科技创新，高职应建立有效的保障机制，诸如：减轻学生的学习负担；把参与科研活动列入教学计划；增加有关科技、发明创造、创业企划之类的必修课、选修课；把是否参与科技、参与程度如何、参与科技成效如何作为评价学生的重要因素；建立起与之相配合的一套奖励机制，以实现真正意义上教学、科技、生产全面结合的产学研合作教育。

第七章 信息时代背景下高等职业教育的质量问题研究

这几年，随着高等教育大众化进程的加快，高等职业教育得到了快速发展。随着高职教育的快速发展，高等职业教育的质量也就成为社会各界普遍关注的问题。有人担心高职招生数量的不断增加会导致教育质量的下降。也有人认为，数量的增加和质量的下降之间并不存在必然的联系。因此，如何看待高职教育的质量关系着高职教育的发展。

第一节 高等职业教育质量观

一、高职教育质量的内涵

"质"是一种事物区别于另一种事物的内部规定性。质量，《辞海》释义为："产品或工作的优劣程度"；国际质量标准化组织则作如下表述："实体满足顾客需要（明确的或隐含的）的能力特性总和"。前者着重于品质，后者着重于服务和顾客的体验。

教育是一个复杂的过程。从产品的角度，学校教育的"最终产品"是学生，检验产品质量的主要是用人单位；从服务的角度，学校服务的客体主要是三类：政府、用人单位、学生。政府是学校首要的服务对象，政府需求代表着国家的根本需求，因此，学校教育必须严格遵守国家的法律、法规和政府的有关政策。用人单位是学校的最终服务对象，学校所培养学生的质量最终要由用人单位来检验，因此，学校培养的学生要最大限度地满足用人单位的需要。学生是学校的服务主体，学校的教育教学应该在遵循规律的基础上，最大限度地促进学生素质和能力的提高，满足学生发展的需要。同时，教育要为促进社会的发展和进步服务。

因此，高职教育质量的内涵至少应该包含三个层面，一是培养出能满足市场需求、受用人单位欢迎的学生；二是所提供的服务能满足学生和家长的需要；三是要为促进整个社会的可持续发展和进步服务。

二、高职教育的质量标准

现阶段，高等教育存在着两种质量标准取向：精英教育的质量标准取向和大众教育的质量标准取向。精英教育阶段，高等教育属于社会稀缺资源，接受高等教育的是少数社会"精英"，高等教育的培养目标是为社会培养精英和统治人物。精英教育所遵循的是单一的学术取向（或知识取向）的质量标准，主要体现在对学科专业的科学知识体系的高度认同上。这种质量标准是封闭的、高度统一的。在一国的高等教育体系中，不论不同学校之间相距多么遥远，也不论学校的办学历史长短，只要设置相同的学科专业，那么，所有学校的相同学科专业的人才培养模式和要求几乎完全相同，在教学计划安排、课程结构设置、师资梯队配备、教学活动组织，甚至在教学内容的选择上，大致都是相同的。在这种单一的质量标准下，学校的办学模式基本是相同的，重学科知识的系统性、完整性，轻实践能力的培养；高等教育的质量保证更多来自高等教育系统内部，其评价主要为内部自我评价。外界很难对其施加影响，高校按照自身的意愿、自己设定的目标为社会培养人才，社会只能被动地接纳这些人才，而不能对高校提出要求。由于这种单一的、封闭的、学术性的价值质量标准缺乏与社会需要的有机结合，缺乏社会力量多角度的审视，给人以孤芳自赏的感觉。

大众化阶段，高等教育不再是社会的稀缺资源，接受高等教育成为人们的一种基本权利。在我国高等教育大众化进程中，高等职业教育起着主力军作用。从某种意义上说，没有高等职业教育的发展就没有我国高等教育的大众化。目前，有独立设置的高职院校、本科院校的二级学院、成人高等学校等六路大军在举办高等职业教育。由于高等职业教育的超规模发展，举办高等职业教育的学校类型多样，加上有些学校的办学条件跟不上发展的规模，学生报到率低，高等职业教育的质量也成为人们关注的问题。那么，应如何认识在我国高等教育大众化进程中起着重要作用的高等职业教育的质量呢？"高等教育大众化的发展前提是多样化，多样的高等教育应有各自的培养目标和规格，从而也应当有多样化的教育质量标准"。因此，大众化阶段，高等教育应当分工明确，学校的类型、层次不同，质量标准和达到的目标也应当不同。大众化阶段，教育质量标准不是单一的，而是多样的，精英教育单一的学术性的质量标准已无法涵盖多样化的高等教育质量，这是一个多种标准并存的时代。对于研究型大学和研究、教学并重的普通高校来说，应该以精英教育的质量标准取向为主，衡量所培养学生的质量主要是学术水平和理论水平；对于高等职业院校应以市场标准取向为主，衡量所培养学生的质量主要是其解决实际问题的技术和能力。如果用精英教育的学术性质量标准来衡量高等职业教育的质量，那么，高等职业教育在许多人的心目中必然是"失败"的教育，低质量的教育。由于受传统教育观念中的科学、技术分离思想影响，高等技术与职业教育在有些人的观念中仍然属于"另类"高等教育。在这种观念的审视下，高等职业教育的质量显然是不高的。"普通高校与高等职业技术院校的质量规格就不应该完全一样，不能以普通高校的质量观来套高等职业技术院校"。高等职业教育是以"满足市场需求，适应市场变化的能力为其评价标准"的高等教育，"它最典型的特征是对市场的适应性和对功利性目标的追求"，因此，高等职业教育是以满足市场需求程度作为主要标准的，是一种以市场取向为主的质量标准。所以，我们既不能用精英教育的学术性质量标准作为大众化教育背景下高等职业教育的质量标准，也不能用以满足市场需求为主的大众化的职业型的质量标准去取代精英教育的质量标准。高等职业教育培养的是生产、建设、服务第一线的技术应用性人才，它所培养的人才要"用得上、下得去、留得住"。高职教育同社会需要、市场需求的结合程度直接关系到高职教育的生命力，它的教育质量如何要接受社会的评价，特别是用人单位的评价。过去精英教育那种把自己封闭在象牙塔中研究高深学问的办学模式是不适应高职教育的，高职教育必须实行开放办学，学校必须适应市场需求，培养目标、专业设置、教学计划等必须根据市场的需求做出调整。但由于高等职业教育院校类型不一，有以学历教育为主的，有学历教育和培训并举的，有以培训为主的；根据质量标准多样化的原则，不同培养目标的学校其质量标准也应有所不同，从而鼓励高职院校办出自己的特色。只有建立多样化的质量标准，才能实现马丁·特罗所说的"政府不喜欢一般院校和新院校模仿老牌大学的风格和作法。政府所需要的是国家高等教育体系的更多化，更适合职业需要的学科，新的更有效的教学模式"；才能使不同的学校立足于自己的层次和职能，确立自己的办学定位，避免办学模式的单一和趋同，形成自己的特色。

同时，我们认为，高等职业教育的质量在以市场标准取向为主的前提下，其教育质量的鉴定应实现内部评价和外部评价的互动统一。内部评价是由高职院校自己为主导进行的评价，学校根据自己设定的人才培养目标，评价质量目标的适合度。外部评价是指政府、社会评估机构和用人单位等对学校的评价行为，其评价内容主要是办学目标定位、人才培养的质量、办学条件、办学特色等。外部评价中，政府应从高等教育具有的共同特征入手，针对不同层次、不同类型的高校，制定适合国情的高等职业教育国家基本质量标准，并委托社会中介评估机构开展对高职院校的评估工作。为了提高教育质量评估的客观性和公正性，要加强对具有一定权威、相对独立的教育评估机构的建设，加强评估人员的培训，提高中介评估机构在社会上的认可度。高职院校要重视用人单位对人才培养质量的意见，建立人才培养质量的跟踪和反馈制度，根据用人单位的意见，及时调整课程设置和教学计划，使培养的人才更好地满足市场的需求。

三、高职教育的质量观

质量观是社会、用人单位、学校自身对教育工作和受教育者质量的基本看法。教育质量是一个相对的、动态的概念，在高等教育的不同发展时期，有不同的质量观。从不同的角度，我们可以归纳出不同的质量观。

（一）从知识、能力和素质的角度。

1. 知识质量观。它是一种以学生掌握理论知识的深度、广度及学科理论知识的系统性、完整性来衡量教育质量的质量观。培根的"知识就是力量"，我国传统思想中的"学而优则仕"，就是这种质量观的体现。在这种质量观的观照下，容易产生重理论、轻实践，重科学、轻技术应用的教学思想。

2. 能力质量观。这是 20 世纪 70 年代在北美兴起，90 年代进入我国的一种质量观念。刚开始，它是一种"能力本位"思潮，在职业教育的实践中才形成了"能力比知识更重要的观念"，我们称之为能力质量观，在发展过程中，能力质量观又有任务本位能力观、整体主义能力观和整合能力观的区别是整合能力观是对前两种能力观的折中，认为能力是个体的一般素质及其在职业任务中的操作表现二者之间的整合，并把能力理解为有不同的层次或水平的差异。澳大利亚和英国的能力本位理论都是整合能力观的体现。

3. 全面素质质量观。中共中央、国务院在《关于深化教育改革全面推进素质教育的决定》中指出，高等教育要重视培养大学生的创新能力、实践能力和创业精神，普遍提高大学生的人文素养和科学素质。从而昭示着质量观由知识质量观、能力质量观向素质质量观的转变。因为，相对于个体在现实职业工作中所体现出来的才智、知识、技能和态度整合而成的外显的能力来说，素质是个体更为稳定的内在品质，更能体现一个人的综合水平。因此，潘懋元先生认为："必须把传统的知识质量观以及一度流行的能力质量观转变为包括知识、能力在内的全面素质质量观。素质的含义应当是人文与科学相结合的全面素质。这种质量观无论对于精英型高等教育还是大众化高等教育都是适用的。"

（二）从高等教育发展的角度。

随着高等教育由精英教育向大众化教育的转变，人们对质量观的认识也由精英教育的以衡量学生掌握知识的深度、广度为主要标志的单一的学术性质量观，向大众化教育的多维质量观发展。

目前，研究界对高等教育大众化进程中应树立怎样的高等教育质量观，大致有以下几种观点：

1. 要树立发展的质量观。认为对我国高等教育来说，首要的问题是发展，没有高等教育的发展就谈不上高等教育的质量；要用发展的眼光来看待高等教育的质量，通过发展来解决发展中的高等教育质量问题。

2. 要树立多样化的质量观。1998 年世界高等教育会议通过的《21 世纪高等教育展望和行动宣言》指出："高等教育质量是一个多层面的概念"，应"考虑多样性和避免用一个统一的尺度来衡量高等教育质量"。由于社会经济对人才的规格、类型、层次需求的多样化；培养目标的多样化；个体学习需求的多样化；高等教育办学主体和办学形式的多样化，需要有多样化的质量观。

3. 要树立适应性的质量观。适应性的高等教育质量观是指"高等教育所提供的教育服务满足受教育者个人的程度，以及所培养的人才满足国家、社会和用人单位需要的程度"。认为，高校如果能够准确适应目标市场的需要，满足目标市场的要求，都是高质量的。高校毕业生在劳动力市场中的抢手程度基本上反映着社会对某所院校毕业生素质的综合评定水平。高校要面向社会，面向市场，培养出切合社会所用的"合用"人才。高等教育服务要满足学生的需要，学生通过生产和消费这种服务而逐渐内化为自身的能力和素质，使得自身劳动力商品的质和量不断提高。

4. 要树立整体性的质量观。整体性的质量观主要包括高等学校人才培养的整体质量观和高等教育所有功能、职责的整体质量观两个方面。人才培养的整体质量观是指不同层次、不同类型高等教育人才的共性质量。而功能、职责的整体质量观认为高等教育质量"不仅包括教育的产品（学生），而且包括高等教育的所有功能和活动"，"是整个高等教育系统的质量，是一种整体质量，而不是单一的人才培养质量"。

5. 要树立特色化的质量观。高等学校办学特色鲜明与否是质量高低的重要标志，因为特色就是质量，特色就是水平，特色就是生命。"高等教育人才培养的需求者主要来自两个方面：一是用人单位，一是学生。这两者需求的多样化、个性化，要求各个高等学校办出特色，以主要满足某类或某几类'顾客'的需求"。具有不同特色的学校，其质量、水平应具有不同的类比性。如据 1998 年的一项调查，珠江三角洲的企业家们，60% 以上是华南理工大学的毕业生。包括 TCL 集团、康佳集团、创维集团、格力集团等，这可能就是华南理工大学的特色。而据有关部门公布的对我国教育科研单位在国际上发表论文的统计，南京大学连续 6 年雄居 SCI 收录论文数榜首，这是南京大学的特色。因此，衡量高校间的人才培养质量与水平，应注重特色，不能简单类比。

那么，作为高等教育重要组成部分的高等职业教育，其质量观应如何取向呢？我们认为，高等职业教育应树立适应性质量观基础上的特色质量观。

首先，高等职业教育的培养目标要求树立适应性的质量观。高等职业教育要"培养拥护党的基本路线，适应生产、建设、管理、服务第一线需要的，德、智、体、美等方面全面发展的高等技术应用型专门人才""适应生产、建设、管理、服务第一线需要"是高职教育的人才培养质量观，也是衡量高职教育人才培养的质量标准；"高等技术应用性专门人才"是高职教育的人才培养规格，是高职教育人才培养的个性所在，也是区别其他高等教育人才培养类型的特色所在；"拥护党的基本路线"，"德、智、体、美等方面全面发展"是高职教育和其他高等教育人才培养的共性质量。如果高职教育不能满足市场需求，缺乏适应市场变化的能例；培养的人才不具备胜任生产、建设、管理、服务第一线工作的技术应用能力，不能胜任用人单位的岗位要求，那么，也就谈不上高职教育的真正质量。

其次，职教育的区域性特点要求树立特色化的质量观。区域性是高职教育的显著特点之一，高职教育作为培养用性人才的社会活动，必然植根于一定的社会文化背景和特定的区域之中。高职教育的功能主要通过对区域性经济发展提供人力资源和技术保障来体现，一是培养使用的高等技术应用人才，为区域经济和社会发展提供技术支持。但由于不同的区域之间社会经济发展水平的不平衡，不同的发展区域，高职教育的人才培养计划、专业设置应有所不同；即使是相同的专业，其课程设置业应有所不同。只有这样，高职教育才能树立特色化的办学目标，才能与区域社会经济的发展紧密相连，才能使培养的人才真正做到适用对路，才能有效地实现高职教育的服务功能。

第三，高职教育学校办学类型的多样化要求树立特色化质量观。目前，举办高等职业教育的学校类型多样。由于不同的学校之间存在着地区和办学条件的差异，让它们结合区域社会经济的发展，确立自己的发展目标，构建起具有特色的人才培养模式，办出特色，是认识和把握高等职业教育质量的关键。目前，高职院校要着重在具有特色的人才模式的构建上下功夫，要根据不同专业、不同层次、不同培养途径的不同配置，构建起具有不同质量规格的人才培养模式，形成鲜明的办学特色。如湖南永州职业技术学院和宁波职业技术学院的产、学、研结合模式就是各具特色的。

观念是先导，不同的质量观会形成不同的人才培养模式。高等职业教育在同当地区域社会经济发展紧密结合的同时，要树立适应性基础上的特色办学质量观。只有这样，不同区域、不同类型的学校才能结合自身的办学条件，积极探索具有特色的人才培养模式，形成鲜明的办学特色。

第二节 高等教育质量评价体系的构建研究

一、高等职业教育质量评价的目的和作用

质量评价是教育活动的重要组成部分，它是以教育目标为依据，运用有效的评价技术和手段，对教育的过程和结果进行测定、分析、比较，并给以价值判断的过程。其作用在于引导、监督、激励与约束。评估的主要目的在于认识被评客体，通过对客体办学条件、运行情况、教育质量、管理水平的全面考察，总结经验、找出不足、分析原因、商讨对策，以推进高职教育健康持续的发展，并为引入社会监督和教育行政主管部门加强宏观指导和管理提供信息和依据。具体作用如下：

（一）认证作用

通过对高职院校人才培养工作的考察，衡量其办学条件、教育管理和教育质量是否达到了基本要求，并给予办学资格的认定。一般这是对新办高职院校的合格评估，以此提升现有资源品质，并限制劣质教育资源的涌入。而对高等学校的办学水平和质量高低的评价则是一种程度鉴定，这种水平评估往往在已有多年办学历史的高职院校中进行。通过评估信息的收集、整理和分析，有利于分类指导，正确决策。

（二）导向作用

是以科学的评估指标体系引导学校正确定位，促使其以服务为宗旨，以就业为导向，加强各项改革与建设，保证高职教育在国家整个教育体系中健康发展的方向。有什么样的监控评价标准，被评学校就会向什么方面努力。也就是说评什么、怎么评，将有力地引导被评者在教育教学工作中做什么、怎么做，往往起着"指挥棒"作用。通常，在指标体系中还明确规定了一些重点项目，如产学研结合、师资队伍结构、实践教学条件、课程建设与改革、职业能力训练、质量控制和教学效果等，以引导学校在建设发展过程中予以更大的关注。

（三）促进作用

按照"以评促建，以评促改，以评促管，评建结合，重在建设"的方针，各校在评估之前，都全面加强了建设与改革，使学校的办学条件有了明显改善，管理水平有了新的提高。在评估过程中，不仅要肯定学校的成绩，以资

鼓励，促使学校取长补短、发挥优势、形成特色，而且还要指出学校在发展过程中存在的问题，发现学校建设过程中的困难，剖析现状与评估要求之间的差距和不足，共商建设发展的对策措施，为此后的建设、改革提供指导和依据。教育行政部门是高等教育的办学者，对学校的办学条件、发展状况和教育质量负有不可推卸的责任和义务，所以评估也有助于教育行政部门进行自省，进一步探讨高等教育改革发展的新思路、新战略，加强对学校的宏观指导和管理。

（四）交流作用

评估把投资者、管理者和办学机构紧密地联系在一起，在他们之间架起一座相互沟通的桥梁，使高等教育的信息能够上下贯通，相互交流；评估中来自不同学校的专家与被评学校之间也或紧或松地联系在一起，形成了一条直接沟通的渠道，交流信息，相互借鉴；评估还加强了学校与社会的联系，来自社会的各种信息，如报考各专业的生源状况、报到率、就业率、用人单位的满意程度等，不仅成为评估的依据，而且使学校能够了解社会的意见、要求和建议，有利于改进工作，促进学校的建设和发展。

二、高等职业教育质量评价的观念

高职教育的跨越式发展，使高等教育迅速进入了"大众化"教育阶段，根据新时期经济社会发展的需要，高职教育承担了培养数以千万计的、具有全面素质的技术应用性人才的使命。为了正确评价高职教育的质量，就必须改革传统的教育导向系统，构建全新的教育质量评价体系，而建立这个体系的首要前提是转变高职教育的评价观念。

（一）要从"学科本位"的评价观念转向"能力本位"的评价观念

一段时间以来，一些高职院校由于对办学定位理解、把握不够准确，因而在人才培养目标、培养模式方面受普通高等教育的影响较大，把高职当作压缩型本科来办，很大程度上简单移植了普通高校的教学模式、教学评价观念和评价方法。普通高校和高职院校是两种不同类型的高等教育，前者是以学科为本位的教育体系，其目标是培养学术型或工程型人才，它更注重学科理论知识的系统性、完整性和深度。而高职教育则是培养技能型人才，是能力本位的教育体系，它在理论知识方面服从于能力本位的教育目标，强调必须、够用为度。因此，必须以能力为主旨构建高职教育质量的评价体系。

（二）要从单纯对智力因素的评价观念转向全面素质的评价观念

过去人才培养质量的评价，往往存在着偏重学习成绩评价而忽视综合素质评价的倾向，"高分低能"的现象屡见不鲜。显然，这是不符合素质教育的基本要求的。高职教育是为社会生产、建设、管理、服务第一线培养具有综合职业能力和全面素质的高技能型人才，学生不仅应具备扎实的专业能力、业务素质，还应具备良好的思想品德、职业道德、人文素质、心理素质和身体素质。因此，对全面素质的评价不仅要从教学计划、课程体系等方面体现，更应该调整、修改、完善评价体系，强化学生综合素质的考核。

（三）要从单纯对教学过程的评价观念转向教育全过程的评价观念

过去对人才培养质量的评价仅仅局限于对教学过程各环节的评价，这与全面素质要求相比是有缺陷的。原因就在于片面理解教育质量只取决于对教学过程的控制，而忽视了对学生全面素质的要求。要使人才培养质量符合新时期的要求，就必须把质量监控从教学过程延伸到教育全过程。从入学教育到毕业教育，从理论教学到实践教学，从养成教育到道德教育，从学风建设到师德建设，从教书育人到管理育人、服务育人各方面，都应该有明确的评价要求。

（四）要从单纯对教师的评价观念转向对学校全员的评价观念

学校的根本任务是培养人才，教师是人才培养的主导力量，教学过程是人才培养的最主要环节，但这不是决定人才培养质量的全部。人才培养的质量是一个涉及家庭、学校、社会各方面的系统工程。就学校而言，也是事关全局的问题，必须调动各个部门、各个环节的积极性，形成教书育人、管理育人、服务育人的合力。因此，教育质量的监控评价应该进行全方位的全面考察。

（五）要从定性评价观念转向定性与定量相结合的评价观念

定性评价是通过考察，对被评对象进行分析判断得出定性的结论。

这往往受参评人的考察分工范围，对指标内涵理解程度，以及情绪变化波动的影响，可能得出不同程度或者截然相反的结论。这种结论比较模糊，缺乏可比性，而定量评价可以使评价结果具体化、精确化。固然某些方面的内容本身具有内在性和模糊性，如办学指导思想、教学建设与改革、质量控制、知识能力素质等方面的许多内容是很难予以量化的。因此，教育质量的考察离不开定性评价。但是，有许多指标是完全可以量化的，如师资结构中的生师比、专任教师中的高职比例和研究生比例，生均教学仪器设备值、生均图书册数、生均教学行政用房面积、新生报到率、毕业生初次就业率等。而且即使是一些较为模糊的内容，也可以通过确定相应的权重系数，建立数学模型，或测试评分使之相对量化。所以，在高职教育质量评价中，必须进一步探索并不断完善定性和定量结合的科学评价体系。

三、高职教育质量评价的基本形式

随着我国的高等教育由"精英教育"向"大众化教育"的转变，教育质量已成为高职教育在新时期改革发展的重点和难点。因此，运用先进的管理理念对教育教学质量实施监控评价，是高职院校确保"产品质量"的当务之急。

监控是评价的依据，评价是监控的手段。为了对教育质量进行目标评价、过程评价和结果评价，可对决定教育质量的诸要素，如办学指导思想、师资队伍建设、教学条件和利用、教学建设与改革、教学管理等进行预警性监控、过程监控和结果监控。目前，评价的形式大致有三种：一是学校自我评价，二是管理部门评价，三是中介机构评价与认证。

（一）学校自我评价

1.校系两级督导机构的监控评价

一般学校都设置了督导评价机构（如督导组、评价中心等），由校长直接领导，有的还成立了系（部）督导组织，对教学过程进行有计划的监测、分析、指导、调节和控制，并通过职能部门、相关系部、教师和学生等各种渠道，收集、整理、分析有关质量的信息，就教学水平、教学秩序、教学管理、教学改革等提出意见和建议。

2.学校对系、部的评价

学校可组织督导评价机构及其他有关人员，通过听取汇报、实地检查、座谈访问、查阅材料、随机听课、技能抽测等方式，对系、部的专业建设、课程建设、教材建设、教学改革等进行考察，评价专业设置是否合理，教学计划是否科学，培养目标是否明确，招生就业是否顺畅；考察师资队伍建设、实验实训条件建设和图书资料建设情况；考察教风师德、学风学纪，以及思想政治工作的情况，并做出相应的结论。

3.学校的自我评价

学校按照教育部"高职高专人才培养工作水平评估方案"各项二级指标的主要观测点进行自我评价，列出评价的依据，按照等级标准要求给出每个主要观测点的评估等级，然后根据主要观测点的权重计算出二级指标的等级，并最终得出评估结论（优秀、良好、合格、不合格）。此项工作一般组织校内专家进行，学校也可邀请校内外专家共同为评估进行预检，找出不足和差距，加强建设和改进。

（二）管理部门评价

1.状态监控

是指按国家对不同层次、不同类型学校基本办学条件的要求，建立国家和省两级状态数据库，适时公布，接受社会监督。这些指标包括生师比、具有研究生学位教师占专任教师的比例、生均教学行政用房、生均教学科研仪器设备值、生均图书等，主要用于普通高等学校核定年度招生规模，确定限制、停止招生的普通高等院校，并对普通高等学校办学条件进行监控。此外，还规定了一些监测办学条件指标，包括具有高级职务教师占专任教师的比例、生均占地面积、生均宿舍面积、百名学生配教学用计算机台数、百名学生配多媒体教室和语音室座位数、新增教学科研仪器设备所占比例、生均年进书量等，作为对基本办学条件的补充，为全面分析普通高等学校办学条件和引进社会监督机制提供依据。有的省份（如浙江省）还在招生规模扩大，在校生人数激增的情况下，及时通报了各普通高等学校基本办学条件的预警情况，以引起学校的重视，加快薄弱环节的建设。为了让社会了解学校人才培养的情况，各省每年还将普通学校毕业生初次就业率公之于众，这也是管理部门让社会参与教育质量监控评价的重要举措。

2. 水平评估

人才培养工作的水平评估是根据教育部的方案，在学校自评的基础上，由教育行政管理部门组织专家进行的实地考察和评价。在做出结论后，学校将根据专家组提出的意见和建议，部署整改和建设。评估效果的好坏一方面取决于指标体系是否科学，参评者对指标内涵的理解是否准确、全面，另一方面取决于操作是否严格、规范。为了保证高职院校人才培养工作水平评估的质量，必须有一支权威、公正的专家队伍，有一个科学、严谨的工作规程和清晰、健全的运行机制。目前，教育部已建立并实施五年一轮的评估制度，这无疑将推动学校建立并完善内部人才培养质量监控体制，增强院校自我约束能力，促进学校的健康、持续发展。

（三）中介机构的评价与认证

高等教育评估中介机构是具有独立法人地位的实体，是一种专门性的高等教育评估组织，其评估结果往往是学校此后建设和改革的依据，对高教质量监控评价有着重要的作用。目前，政府是高等教育的办学者，又是管理者，同时还是投资者，扮演着"三位一体"的角色，教育评估总体上依然是一种单纯的政府行为。在市场经济条件下，社会和市场同样是制约高等教育发展的重要因素，因此两者应该交替互补，发挥各自的作用。最近，教育部为了促进教育质量的提高和转变政府职能，已成立了"中国高等教育评估中心"，由这一中介机构负责进行高等学校的水平评估。同时，还将逐步建立包括教学、科研、就业等状况的"高等教育教学状态数据库"，以形成数据采集和发布制度，让社会全面了解高等学校的人才培养工作。

第三节 高职教育质量监控保障机制的研究

质量保障体系一般可分为外部保障和内部保障两个系统，包括三个方面，即教育主管部门的质量审计、高校内部的质量控制和社会中介机构的质量评价。高职教育质量的保障机制，必须坚持以学校内部控制为基础，以社会监督为重点，以政府宏观管理为主导，以形成独立中介机构评估和行政质量认证为主要内容的，政府教育主管部门、高等学校和社会紧密结合的，全方位质量监控保障体系。其目的就是为了保证高等教育满足经济、社会发展的基本要求，增强高校自身主动适应市场变化的能力，促进高校合理利用内外资源，尤其是学校的人力资源，不断改进和提高学校人才培养的质量。

一、高职教学质量的内部控制

高职教育质量的保障离不开对教育目标、教学过程、教育结果的监控。监控是基础，是依据，保障是目的，是结果。在高等学校的三大功能中，对高职教育而言，最主要、最根本的任务是培养人，而人才的质量标准又是社会发展需要决定的，一旦这个教育目标确定之后，实现这个目标的基本途径就是教学工作。因此，教学质量是高职教育质量的核心，应当把学校内部的教学质量监控保障，作为高职教育全面质量管理的基础。

（一）教学质量监控的内涵

教学质量监控是教学管理的一个重要方面，有"监测"和"控制"两层含义，监测是控制的必要前提，控制是监测的预期目的。两者是一个体系，这个体系是遵循教育教学规律，按预定的培养目标和教学计划，对教学过程进行监测和调控，确保教学过程的各个阶段以及最终结果，达到最优化状态的组织、程序和方法的总和。实际上它是一个对教学工作全过程、全方位的操作系统，是保障教学质量不断提高，加强自我约束的有效机制。教学系统是一个多要素、多环节组成的复杂系统，对其不能简单监控一两个要素，也不可能只由几个人来完成，必须有组织、有标准、有计划、有步骤地进行，要求规范化，将许多人对许多事物的监控活动有机地组织起来。

教学质量监控可分为三个方面：一是专业教学质量的监控，主要监控专业培养目标是否符合经济建设和社会发展的需要，课程设置能否实现专业培养目标的要求；二是课程教学质量的监控，主要监控课程教学内容是否与课程体系要求相一致，教学力量、教材建设、教学条件能否达到教学目标的程度，教学活动效果能否达到课程要求标准等；三是教学活动质量监控，主要监控教师的理论功底、专业素养、知识结构、教学态度、教学水平、讲课效果以及创新精神，监测学生的基础条件、学习目的和态度、知识能力素质及考核成绩等。

（二）校内质量保障的主要措施

校内教学质量控制，是教育质量监控保障的基础和核心内容，从生源质量到培养目标，从教学过程到培养结果，都必须制订一系列政策、指标、规定和制度，以保证人才培养的质量。

1. 要确保入学新生的质量

在高考招生中，高职院校是最后一批录取，加上各地的录取率都很高，各校为了扩大规模，保证招生计划，又千方百计争取生源，故从总体上讲，生源的文化基础和综合素质并不理想。同时，学生的来源也不同，有的是普高生，有的则是"三校生"（中职、中专和中技），基础不一样，给教学组织造成许多困难，这种现状是不可回避的事实。因此，在目前情况下只有在教学上投入更大的精力，才能保证人才培养的质量。

2. 要把握人才培养的方向

高职教育的任务是要为新世纪培养数以千万计的高素质技能型人才，为了实现这个目标，必须以能力培养为主旨，坚持理论与实践的统一，坚持文化知识和全面素养的统一，坚持全面发展和个性化的统一，坚持业务规格与社会需求的统一。

3. 要建立校系两级教学质量监控机构

高等学校一般都聘请了一批教学和管理经验丰富、热心教育事业的同志组建了督导组或评价中心，对教学过程实施监督、考察、指导和反馈。通过他们的工作，一方面为校系领导和职能部门提供了第一手情况，提出了改进工作的建议，另一方面，通过他们开展对专业、课程、教材、实验室等各种评价工作，有效促进了教学改革与建设。

4. 要制订和完善教学质量监控评价的制度、标准、程序和方法

如建立领导干部听课制度，学生评教制度，重点专业、课程、教材评审制度，年轻教师试讲制度等，如果都按一定的要求、程序和方法操作，就有利于监控评价工作制度化、规范化，从而提高教学过程各个环节的质量。

5. 要建立毕业生就业和工作状况的跟踪反馈机制

毕业生就业状况和对社会的贡献度如何，直接反映了高校的教学质量，

是高校教学质量监控保障的重要环节。目前，教育主管部门将毕业生初次就业率，作为衡量专业是否"适需"的重要指标，这实际上是学校人才培养工作"目标质量"是否实现的标志，也反映了社会对学校人才培养工作"过程质量"的认可程度。毕业生就业率的高低现已引起了各个高校的重视，但如何跟踪毕业生就业后的工作状况，则还是一个薄弱环节。一般往往停留在作些问卷调查之类的工作，面不广，对人才培养工作中存在的问题和不足了解也不深入、不全面，教学建设和改革不易把握明确的方向。因此，做好毕业生工作状况的跟踪反馈，对改进学校的教学工作具有重要的意义。

6. 要加强学校的自我评估

这是校内质量监控保障的重要方面，自评可以只评估一个专业，这样内容比较单一，涉及面小，同专业有可比性，便于操作；自评也可以对一个学院（系）的教学工作进行评估，这一般由学校组织校内专家来实施；另外，还可以聘请部分校外专家，内外结合，参照国家制订的评估方案进行整个学校人才培养工作的自我评估。通过这类评估，可以发现专业建设方面存在的问题，也可以找出学校整体教学工作水平与评估指标的差距，以加大建设与改革的力度，为社会培养质量更好的人才。

二、教学质量的外部保障

高职院校的教学质量是否满足经济社会发展的需要，仅仅靠建立高等学校内部的教学质量保障系统是不够的，还必须建立政府和社会对学校教学质量的外部保障系统。将高等学校内部的教学质量保障系统，与政府和社会对高等学校教学质量的外部监督制度结合起来，以内为主，内外结合，以外促内，建立以学校为基础，以社会为重点，以政府为主导的高等学校教学质量保障体系，是极其重要的。

（一）加强政府对高校教学质量的宏观管理

高等学校的教学质量保障体系是个庞大的系统，在这个系统中政府扮演了双重角色，一方面它是监控评估的主体；另一方面，它也是高等学校教学质量保障活动的宏观指导者和管理者。政府对高校教学质量保障活动的宏观指导和管理，是这项工作沿着正确方向有条不紊进行的重要保证。其主要职责是：

1. 通过立法，规范高等学校的办学行为

通过建立教学质量认证制度，指导、统筹、协调、检查高校教学质量的保障活动，并制订有关规章制度，如制订"高等教育法"，"高职院校设置标准"，实施五年一轮的评估制度，以及学校基本办学条件和就业率的公布制度等，使高校办学有章可循，有法可依。

2.制订基本教育质量标准

针对不同类型的高校，制订既有共性又有个性的评估指标体系，体现鼓励发展特色的原则，使不同类型的学校在充分享有办学自主权的情况下，根据各自的状况实施教学质量的监控和保障，更好地发挥学校的主动性和积极性，以体现自身的优势和特色。

3.组织对高等学校的教育教学评估

根据评估制度和方案，在学校自评的基础上，组织专家进行人才培养工作的水平评估，肯定成绩，指出问题，并将评估结果予以公布，以促使学校进一步增强质量意识，将教学质量的监控保障措施不断落到实处。

4.加强信息收集、处理和反馈系统的建设

广泛收集国内外高等教育质量保障理论研究和实践的成果，适时公布基本办学条件的统计数据，及时传递社会对人才需求的信息，这不仅会推动高校对教学质量监控保障体系研究，促进国内外的学术交流，而且对高校的专业设置和调整，对基本办学条件的建设都有重要的借鉴和指导意义。

（二）强化社会对教学质量的监督评价机制

学校教育适应并满足社会需要的程度是评价教育质量高低、对社会贡献大小的基本标准。因此，作为一个高等学校，是否能获得人民的满意这是大家十分关心的问题。尽管目前高职教育由于诸多原因还未得到社会的充分认可，但从就业率就可看出其可信度正在不断提高。社会各方面有权利要求学校培养出高质量的人才，也有责任和义务关心和支持学校为确保教育质量所做的工作。

首先要转变传统文化观念，增强对高职教育的信任度，为高职教育的发展营造一个良好的外部环境。目前，经济、社会的发展需要数以千万计的技术应用型人才，高职教育是造就这支队伍的主力军，历史赋予了高职教育这一光荣的使命。因此，只要在学校自身努力的基础上，取得政府和社会的支持，高职教育一定会让人民更加满意。

其次，要建立以校外专家为主体的专业（或专业大类）教学指导委员会。通过他们可进一步了解经济、社会发展对专业人才的实际需求，以把握专业设置的必要性；还可与他们共同探讨专业教学计划有关课程设置、教学内容，以及实践环节安排，是否符合培养目标的要求，以保证学生的知识、能力、素质结构对实际工作的适应性。同时，还可聘请他们作为兼职教师直接给学生讲课或指导实践，也可通过他们的联络，为产学研结合提供更多的机会。

要组建一支社会力量参与的高素质专家队伍。对高职院校的教育质量进行全面的、科学的评价，必须建立一支教育管理工作者、学校教学工作者和来自社会的专家学者组成的三结合的评估队伍。这些专家不仅有较深的学术造诣和丰富的实践经验，而且掌握一般的教育评估理论，有一定的组织能力和分析能力，责任心强，作风正派。他们对于参评学校教育质量的监控评价和建设保障有着十分重要的作用。

要发挥社会中介机构在教育评估中的作用。通过社会中介机构实施教育评估，对保障高等教育质量有着独特的作用。它不仅有利于高等学校办学自主权的实现，也有利于高等教育自我约束机制的形成。社会中介机构实施教育评估有两个特点，一是中介性，也就是相对独立性，既不代表学校，也不代表政府，只是受教育主管部门的委托承担评估的任务，因此比较客观；二是权威性，由于这个机构集中了一批高水平、高素质的评估专家，他们不仅能客观公正地反映学校人才培养质量的状况，而且是一批很好的"高参"，会对学校教育质量的监控保障提出许多有益的建议。

要积极为学校提供用人信息。毕业生是否受到社会的认可和欢迎，是关系到学校生存和发展的大问题。一个学校的就业率很低，不是专业设置不符合社会的需求，适销不对路，就是用人单位对学校的人才培养质量有怀疑。这会损害学校的声誉，进而影响学校的招生。为了高职教育的健康发展，社会有责任为学校提供用人的信息，使学校及时了解社会企事业单位急需什么专业的学生，毕业生参加工作后反映出哪些不足和问题。这对于学校专业结构的调整，改进教育教学工作，控制保障人才培养质量具有现实的指导意义。

第八章 信息时代背景下高等职业教育的师资队伍建设研究

教师既是科学文化知识的传播者，又是学生思想道德的引导者，是人类灵魂的工程师。建设一支师德高尚、教育观念新、改革意识强、具有较高教学水平和较强实践能力、专兼结合的高职高专教师队伍，是新时期高职教育的一项重要工作。

第一节 高职教育师资队伍建设的作用

近年来，高等职业教育事业规模迅速扩大，学校布局日趋合理，成为高等教育的"半壁江山"。20 世纪末，为满足现代化建设对高层次职业人才的需要，国家在积极发展中等职业教育的同时，提出职业教育发展重心要分地区、有步骤逐步上移的指导方针。

高等职业教育的快速发展显然需要一支高素质的师资队伍作保证。没有一支数量够用、结构合理、师德高尚、专兼结合的"双师型"师资队伍，就无法完成扩招的任务，无法在提高质量、办出特色上出成果，也无法实现应用型专门人才的培养目标。

一、快速发展的高等职业教育要求一支高素质的师资队伍作保证

教师是学校教学建设与改革的主力军。随着高等职业教育的深入发展，高职院校近年来进行了一系列的教育教学改革。在专业建设上，本着提高质量，办出特色的原则，高职院校进行了不懈的探索，形成了一大批独具高职特色的、有较高社会影响的专业。

应用性、实践性的原则，基本搞好了三个部分课程的开发：一是基本素质，包括思想道德素质、人文与自然科学知识素质、身心素质；二是技术应用能力，包括职业岗位群近期和长期所需的理论知识、实践技术和专门技能；三是应变能力，包括对学生自我获取知识能力、创新能力、学会生存和与人

共处能力的培养。即为完成培养高等技术应用性专门人才的根本任务，高职教育以适应社会需求为目标、以培养技术应用能力为主线设计学生的知识、能力、素质结构和培养方案，毕业生应具有基础理论知识适度、技术应用能力强、知识面较宽等特点；以"应用"为主旨和特征构建课程体系和教学内容体系 / 专业教学内容主要是成熟的新技术和现行管理规范，教学计划、课程设置不是按学科要求来安排，而是针对地区、行业经济和社会发展的需要，按适应职业岗位群的实际职业能力要求来确定。总体课程设置注重突出基础理论知识的应用和实践能力的培养，在基础理论教学上提出以应用为目的，以"必需、够用"为度，以讲清概念，强化应用为教学重点；专业课教学则加强针对性和实用性。同时，应使学生具有一定的可持续发展能力。这一切充分体现了高等职业教育的特性。

在实践教学上，注重学生实践能力的培养。大多数高职院校都针对教学需要设立了校内实验室和实习、实训基地，并充分利用社会资源，建立了稳定的校外实习、实训基地，基本形成了与培养生产、建设、管理、服务第一线的高素质技术应用能力的人才相一致的实训、实践环境，使学生直接接触生产实践，有利于他们熟悉现代化的生产工艺，掌握先进的技术和设备，提高了学生的基础技能。此外，大多数学校都把校企合作办学，实行产学研结合作为培养高素质技术应用能力人才的基本途径之一，通过校企合作，一方面使学生提前适应了社会，了解了企业、行业，丰富了学生的技术应用能力，培养了学生的创新能力；另一方面也增进了学校与企业的关系，推进企业与学校合作办教育，提升了企业在产学研合作教育中的地位和作用。

在高等职业教育短短 20 多年的发展历程中，我国高等职业教育教学工作确实取得了很大的成绩，但在一定程度上仍然存在诸如高职特色不鲜明、教学基本建设薄弱、课程和教学体系亟待改革、教材不配套等众多问题，严重制约了高等职业教育的发展。高等职业教育教学工作成绩的取得离不开教师的参与和贡献，改革高职教学工作仍然需要教师的主动参与和无私奉献。因此，师资队伍建设也是学校教育教学改革的重要保障。

二、产学研结合的必由之路需要专兼结合的"双师型"教师队伍

所谓高职高专产学研结合人才培养，即以培养学生的实际工作能力为目标，通过学校与社会用人部门结合、师生与实际劳动者结合、理论与实践结合，形成适应职业岗位群或技术领域需要的知识、能力、素质结构和一定的可持续学习能力，适应社会对高等技术应用性人才的需要。教育部高度重视产学研结合人才培养工作，不仅在各类相关文件中多次提出推进产学研结合

人才培养工作的要求，而且于 2002 年在湖南永州召开了全国高职高专产学研结合经验交流会，会上，周济部长提出：产学研结合人才是高职教育的"必由之路"，大大提高了对产学研结合人才培养工作的认识。与之相配套的是，在一系列评估和改革项目中，没有产学研结合人才培养工作就会被一票否决，由此更加重了这项工作的重要性。从高职校自身的办学看，当前以就业为导向的高等职业教育特别需要走产学研结合人才培养之路。产学研结合人才培养工作成功的关键在教师。对于校本教师而言，提高其"双师型"素质至关重要。一方面，具有"双师型"素质的教师是教学环节实现产学研结合人才培养的关键，这一点自不在言，另一方面，具有"双师型"素质的教师还是实现学校智力支持企业，为企业提供技术合作的关键"砝码"，没有这一点，很难长久调动业界参与产学研结合人才培养工作的积极性，因此建设"双师型"师资队伍十分重要。当然，"双师型"师资队伍也不仅是校本教师的事，建立合理的兼职教师队伍也可以从整体上实现师资队伍的"双师化"。

三、"教书育人"的学校宗旨需要教师的投入与奉献

高职院校和其他类型院校一样，对学生的思想教育也是人才培养的重要环节。思想教育工作绝不仅仅是思想教育工作者的事，而应当渗透在学校教学工作的每个环节，体现在教书育人、管理育人、服务育人的各个方面。特别是教师，是教书育人的主角，通过他们的工作，可以为人师表，以他们精益求精的敬业精神、严谨务实的工作作风、乐观向上的生活态度，以及对党对社会主义的深厚情感和道德文明的行为举止影响学生，以身立教。通过教师对学生高度负责的精神认真备课，教好书，向学生传授科学文化知识，提高学生智能。教师结合教学各个环节，对学生有针对性地进行学习目的、学习态度、学习方法的教育。根据教学内容选好思想教育的结合点。积极参与学生各类活动，在活动中与学生交朋友，关心并指导学生的全面发展。因此，加强师资队伍建设对于促进教书育人工作有十分重要的意义。

第二节 高职教育师资队伍建设的目标

针对当前高职高专师资队伍的现状，结合今后一段时间高职高专发展的需要和师资队伍建设的趋势，教育部在教高厅《关于加强高职（高专）院校师资队伍建设的意见》中提出高职（高专）院校师资队伍建设的目标：各类高职（高专）院校要按照培养高素质实质性人才的要求，从适应社会主义市场经济发展需要的高度，充分认识全面提高师资队伍整体素质的重要性和迫

切性，切实加大师资队伍建设工作的力度，力争经过五年努力，建设一支师德高尚、教育观念新、改革意识强、具有较高教学水平和较强实践能力、专兼结合的教师队伍。

一、建设一支师德高尚的教师队伍

教师是人类灵魂的工程师，应有良好的道德水准和健康的价值观。高尚的师德源自两个方面：

一是较高的思想政治素质。思想素质是一个人的政治态度、政治观点、思想观念、理论素养和道德品质等基本政治品质的总称。教师的思想政治素质集中体现在具有远大的理想，正确的世界观、人生观、价值观和爱岗敬业，团结协作，进行教育教学改革的积极性上。

二是具有较高的职业道德素养。职业道德素养主要包括教师的事业心、职业责任感以及教师的工作态度和工作积极性等。教师的职业道德如何，不仅关系着学生道德水平的高低，也对整个社会道德建设有着很大影响。因此，加强教师职业道德教育是学校精神文明及整个社会精神文明建设的需要，是培养社会主义建设者和接班人的需要，也是加强教师队伍自身建设的需要。高职高专教师的职业道德素质要求为：

（一）热爱高职教育，树立敬业奉献的精神

高职高专教师必须充分认识到我国高职高专教育是科教兴国战略的组成部分，是把我国建设成为社会主义强国的重要手段。每一名高职高专教师都应把自己的平凡工作与建设有中国特色社会主义伟大事业紧密联系起来，形成热爱和献身高职教育事业的强大动力，兢兢业业地完成教学工作。这对学生是一种无形的教育。对教育事业的热爱，还反映在热爱学生上。很难想象一个不爱学生的教师会热爱他的工作，会出色地完成工作。只有热爱学生，才能教好学生，这是一名教师应具备的最根本的一点，也是教师职业道德的重要标准。

（二）为人师表，教书育人

师德是师资队伍建设的基石。高素质的教师，不仅学识渊博，更要师德高尚。教师作为学生的指导者和引路人，其言谈举止、待人接物，对学生起着潜移默化的作用，有时还会给人留下终身难忘的印象。

为人师表是教师职业道德的最重要特征。教书的目的在于育人，师表的作用也在于育人。教师的劳动特征之一是示范性，这便决定了教师在思想品德和作风上必须成为学生的表率。孔子说："其身正，不令而行，其身不正，虽令不从，不正身如何正人。"教师不仅要以自己的学识去教人，更重要的要以自己的高尚品格去教人。教师美好的心灵和高尚的品质是表率作用的基础，教师品行端正、师德高尚、学识造诣深，对学生的影响和熏陶力就大，在耳濡目染之下，学生就会健康成长。教师应当通过自己的言传身教使自己成为学生在政治方向、思想道德、文化素养和学识方面的楷模。

二、建设一支业务水平较高的教师队伍

高职高专教师合理的知识结构，是形成教育能力、科研能力和实践能力的基础。目前高职高专教师应具备的业务素质主要包括以下几个部分。

（一）深厚的基础理论和较宽的专业知识

实践表明，基础理论深厚的教师，适应能力强，有利于解决教学、科研、实践工作中出现的新问题，有利于自身的提高和发展。当代知识总量急剧增长，知识更新的周期不断缩短，而基础理论知识却是相对稳定的，有的是长久不变的，它对教师的工作及进修提高的影响是长期的。基础理论深厚、专业知识较宽的教师，蕴藏着较大的创新潜力，有利于学术思想的开拓，使自己的专业知识产生质的飞跃。

（二）相关学科时基本知识；作为高职高专教师，知识面不仅要宽，而且要深入、精通

同时还应熟悉与本学科有密切关系的相关学科的基本知识。因为当今科学技术的发展呈现出信息化、群体化、知识与技术密集化趋势，学科发展具有横向关联性、交叉性和综合性的特点，不断出现新学科。新学科的产生对教师提出了新要求，因为高职教育的根本目标是满足社会需求，社会需求什么专业，学校就开设什么专业，因而更需要教师掌握相关学科的基本知识。

因此，高职高专教师应具备的知识，不仅要专而且要博和新。教师的知识渊博才能使教学内容丰富多彩，讲课生动活泼，融会贯通，举一反三，为学生参加工作后扩展专业打下基础。

（三）必要的教育科学理论知识

高职高专教师应具有的教育科学理论知识主要是教育学、心理学基本知识，熟悉高职教育的基本特征和基本规律。

除合理的知识结构外，高职高专教师还应具有胜任工作的能力。高职高专教师的能力由实践能力、组织能力、科研能力、创新能力、适应能力、运用现代教学手段能力及外文应用能力六部分组成。总体说，对教师的能力要求是：既能较好地运用已具备的知识、技能，有效地进行教学、科研工作，又能不断地获得新知识和调整自己的知识结构，使自己的知识结构处于最佳状态，以适应高职高专教学和科研发展需要。

1. 实践能力要求

教师实践能力的核心是通过教学，培养和发展学生解决问题的能力。高职教育的人才培养目标是生产、建设、管理、服务第一线的高等技术应用性人才。在教学环节上，强调实践性教学环节，注重提高学生的实践能力；在办学模式上，强调产学研合作教育，要求教师能跟踪市场发展变化，把教学工作同解决经济和社会发展中的实际问题紧密结合起来。这无疑对高职高专教师的实践能力提出了更高的要求。

2. 组织能力要求

教师应具备基本的教学组织能力，尤其是在高职教育生源结构较为复杂的情况下，高职高专教师的组织能力就更显其重要了。高职高专教师要有出色的组织管理能力，才能顺利完成教学任务，并取得最佳效果。另外，高职教育实践性强的特点对高职高专教师的组织能力提出了更高的要求。在实践性课程的教学中，要求教师必须将学生按体能、智能、性格等编排成组，以便有效地组织教学。如在组织情景教学时，教师要根据每个学生的不同性格特点为他们安排不同角色，并以本堂课的教学内容为主线时刻牵动着学生的思维，充分发展他们的个性，调动他们的学习积极性。

3. 科研能力要求

具有一定的科研能力是高职高专教师必须具备的能力。教师能跟踪本学科发展的方向，学习运用学科前沿知识，解决生产建设实际中遇到的问题，为社会和企业服务，并将最新科研成果传授给学生，这是高职高专教师必须具备的一个很重要的能力。教师只有进行科学研究，才能不断丰富、加深和更新自己的知识，活跃学术气氛，提高学术水平，从而深化、丰富教学内容和发展学生的能力。同时，教师科研的思想、科研方法以及伴随着教学而不断提出的新课题都能激发学生强烈的创新欲望，对学生科研能力的提高、创造性思维的培养极有益处。教学内容的更新与科学研究活动是源与流、互为条件、互相依存的辩证关系。科研能力是教师不断提高自己学术水平、提高教学质量的重要保证，也是确立教师威信、教育学生的重要条件。

4. 创新能力要求

经济的飞速发展和知识的迅速进步在促使人们不断地对掌握的知识更新的同时，还使职业结构发生了很大的变化，造就了一批新的领域，并带动了对专业人才的需要。这种变化要求高职教育必须注重学生创新意识和能力的培养。而这一目标的实现要靠具有创新意识和能力的高职高专教师来完成。与此同时，由于高职教育在我国起步较晚，对其专业设置与开拓、课程设置、教材建设、实践基地建设等方面问题研究尚不深入，不利于高职教育事业的快速健康发展，并且，高职教育强调的是能力本位思想，如何将素质教育贯穿于高职教育中，突出学生主体地位，使他们掌握学习的方法，培养学生的创新意识的创新能力，也是有待研究解决的问题。这些都要求高职高专教师要具备创新意识和能力，在教学活动中，不断开拓进取，勇于创新。

5. 适应能力要求

适应能力是指教师不断调整自己的知识结构和能力结构，以适应教育改革、经济技术和社会发展需要的一种综合性能力。它是高职高专教师综合素质的体现。

首先，教师要能适应专业结构的调整与改革。现代科学技术的分化和综合，引出了一系列综合学科、边缘学科和横向学科，从而引起社会产业结构的深刻变化。以新技术群为基础的新兴产业群，将成为今后社会的经济支柱。高职教育的特征之一是满足社会需求，社会需要什么专业，学校就开设什么专业，培养什么人才。因此，教师应当在加深基础理论和专业知识的同时，不断拓宽自己的知识面，密切注意本学科及相关学科的发展趋势，一旦社会生产需要或专业结构发生变化，就可以很快转入相关学科或新学科领域。

其次，教师要能适应教育思想、教学方式的改革。现代科学技术的进步和社会生产力的提高，不断推动高等教育的教育思想、教学内容、教学方法和教学组织形式的改革。改革的突出特征是：在教育思想上，由单纯强调专门人才向复合型人才的方向发展，并同时强调和重视人才的道德、文化和身体素质的全面和谐的发展；在教学思想和教学方法上，由以传授知识为主转向在传授知识的同时强调知识、能力、素质协调发展，尤其是强调创新能力的培养。现代教育改革的广度和深度都是前所未有的。面对这场改革，教师应更新教育观念，跟上时代发展步伐。

6. 运用现代教学手段的能力及外语能力要求

随着科学技术的发展，现代教学手段已经进入到教学当中，掌握现代教学手段应当是高职高专教师必备的能力之一。在众多现代教学手段中，运用计算机是最普遍的。当代微电子技术的飞速发展，使电脑的功能越来越强，应用领域越来越广。电脑正在成为人类生产、生活不可缺少的工具。国际互联网的推广为时不长，却已经拥有数以亿计的用户，网上丰富的信息资源、方便快捷的人际沟通、全球性的贸易机会，吸引着越来越多的人。如今，学会使用电脑，学会上网，已成为千千万万普通人的迫切需求。作为高职高专教师，应当在计算机应用能力方面有较高的水平，以适应教育现代化的要求。

一是创造条件将计算机引入课堂，努力在课堂教学中使用多媒体课件，通过画面、声音展示较为全面的感性信息，扭转现有教学手段和方法明显落后的局面。二是开发和应用适合本专业实际情况的计算机软件，改善教学效果，增加课堂信息量。三是课程设计和毕业设计环节中应用CAD（计算机辅助设计），使学生绘图时甩掉图板，掌握现代科技手段。

熟练运用外语的能力也是高职高专教师必须具备的能力之一。在信息技术日益发展的今天，熟练掌握一门外语有助于高职高专教师及时了解和掌握外部信息并将这些信息应用于教学和科研工作之中。另外，掌握一门外文便于高职高专教师了解发达国家和地区高职教育现状及经验，用于指导高职高专教学。

三、建设一支结构合理的教师队伍

高职高专师资队伍结构的优化，必须主动适应社会结构、经济结构、产业结构、技术结构、高职教育结构的变化，满足新形势、新的任务对高职师资队伍的要求，使师资队伍发挥出最大的功能，以实现高等职业教育的培养目标，使高职师资队伍结构与高职教育系统与社会大系统相适应。因此，依据这一出发点，高职师资队伍结构的每一构成要素的内容或者说结构指标要随着社会、经济发展的变化而变化，优化的目标值将是一个动态变化的发展过程。要与时俱进，根据社会、经济发展的水平和要求，制定有前瞻性的、切合实际的、可操作的高职师资结构优化的发展目标，使高职师资队伍自身也得到可持续发展。

第三节 高职教育师资队伍建设的发展趋势与对策

随着我国高等职业教育的进一步发展，高职高专师资队伍建设也将得到进一步加强。借鉴国（境）外高等职业教育发展的经验，结合我国经济社会发展和高等职业教育发展的趋势，我们可以对高职高专师资队伍建设的发展趋势做出客观的分析和预测。

一、国（境）外高职高专师资建设的启示

世界各国及地区在高等技术与职业教育机构的称法上各不相同。我国国内主要是高职高专院校，美国主要是社区学院，英国在1992年之前主要是多科技术学院（后升格为大学），德国为高等专科学校和职业学院，我国的台湾地区则包括专科学校和技术学院及科技大学。

从现有的资料来看，国际上的高职教育均是在经济及社会对人才的需求之上而建立和发展起来的。美国社区学院历史较长，最早的社区学院建于

1901 年，至今已有 100 多年的历史。英国的多科技术学院建于 20 世纪 60 年代。德国的高等专科学校及职业学院也很早就建立起来了。而在我国，按目前多数人的看法是开始于 20 世纪 80 年代所建立的第一批职业大学，也就是说高等技术与职业教育始于这个时候。

西方发达国家高等技术与职业教育开展得相对较早，同时在高等职教师资队伍建设方面早已积累了相当多的经验和教训，所以，对它们的高等职教师资队伍建设及培养和相关的做法进行研究，对我国高等职教的顺利发展和有效实施，有着十分重要的现实意义和借鉴价值。

（一）资格要求

1. 学历要求

各国或地区各不一样，但多数都要求具备硕士及以上学位。德国的高等专科学校和职业学院规定教师要有博士学位。法国大学技术学院教师需具有博士学位。美国社区学院规定专职教师要有硕士以上文凭，兼职教师原则上也要有硕士学位。台湾的专科学校及技术学院也规定教师需为硕士学位。英国高职院校规定教师最起码的也要是学士学位以上。

2. 教师资格证书要求

多数国家或地区不要求教师拥有教师资格证书。英国高职院校实行自治，以前法律上也没有规定高校教师需持有教师证上岗，但师范类专业教师必须持有教师证；医学类专业教师除了专业资格外，还需接受过专业教学培训。对于继续教育学院，政府要求从 2001 年开始专职教师都需持有大学的教师证，兼职教师要持有城市行业协会的教师证。

美国、加拿大也没有法律要求社区学院教师需获得教师证才能上岗。但各国或地区的高职院校自己有不同的要求，多数院校越来越强调了教师证方面的要求。如在美国，有的社区学院要求教师需持有教师证，而有的社区学院则不需要。在法国，高级技术员班教师必须持有中等教育教师证或技术教师证。德国高职院校要求教师必须有两年以上的教学经历并经过国家统一考试。

3. 实践工作经验

德国高职院校要求教师需有五年以上的工作经历，并至少在相应专业岗位上工作三年。美国社区学院要求兼职教师必须具有一定的教学经验和实践工作经历。

（二）师资培养及培训

1. 职前师资培养及培训

对于要求高职院校教师拥有教师证或职业资格的国家，高职师资的职前培养及培训工作开展得就相当多，比如德国。尽管像美国、加拿大、英国等国家法律上没有规定高职教师必须取得教师证才能上岗，但越来越多的高职院校开始强调和注重新教师的教师证的获取。这主要是为了提高教师队伍的教学水平和教学质量。

美国有许多综合性大学的教育学院开展了社区学院师资的教师证课程和培训。如加利福尼亚的教育学院所开设的课程涉及教学法、成人教育、教学管理、教育实习、课程开发、测试与评价等。另外，美国社区还特别加强了新教师的岗前培训。

自1992年以来，英国有越来越多的高职院校向新教师提供岗前培训，并通过教师认定来开设由师资与教育发展协会所认可的培训项目。1996年6月，英国成立教与学研究所，为开展师资培训提供认定工作。

2. 在职培养及专业发展

从各国及地区师资队伍建设的实际来看，在职培养和培训受到了相当的重视。美国、英国、德国等国家的高职院校都十分鼓励教师的专业发展和在职进修。

多数进修或培训的内容涉及教学技能、教学方法、计算机技术。培养及培训的方式多种多样，如：美国社区学院向教师提供短期或长期的国外访学机会，参加研讨会或课程进修，每年都开设专业发展日，利用假期接受培训，鼓励教师到企业里进行实践。加拿大社区学院教师进修的主要形式是在大学里攻读更高的学位。加拿大有的社区学院要求教师必须接受正规的师资培训，否则不予提升工资。

英国建立高校教师发展局，高职院校教师都可以去那里接受相关的专业进修和发展培训，另外还建立了一个教与学的支持网络，向高校教师提供专业发展方面的帮助。

（三）职称管理和工作评估

在职称方面，美国社区学院教师职称分为教授、副教授、助理教授和讲师四个级别，新进的专职教师要有一段时间（几个月至两年）的试用期。台湾地区高职院校教师职称与美国的相类似。法国高职教师职称分为教授、讲师和助教三个等级，教授出总理任命，讲师由教育部长任命，助教由学区长任命。英国高职院校的教师职称分首席讲师、高级讲师和讲师，讲师一般要经过五年的预备期才能成为正式讲师。

各国或地区的高职院校为保证和提高教学质量，非常注重对教师教学工作的评估或评价。美国社区学院设立教师评估制度，参与者有教师本人、同事、学生及教学管理人员，评估内容包括课程提纲、课堂观察和教学测评。

评价结果与教师接受培训、报酬和晋升都直接相关。

英国高职院校对教师工作进行评价，评价内容通常包括教学状况、发表论文和著作、参与系里的管理等。工资收入与教师个人的职业资格、工作经验和服务年限挂钩。

二、今后一段时间内我国高职高专师资队伍建设趋势

高等职业教育在 21 世纪必将有更大的发展，但我们也应当看到，伴随高等职业教育的发展和高职高专院校师资队伍建设的深入，我们也将遇到一些新的问题。为此，我们预测高职高专师资队伍建设将呈现以下发展趋势：

（一）新教师的补充速度继续加快，但主渠道仍将是高等院校的应届毕业生

依目前高职高专招生规模的扩大趋势，要实现合理的生师比，还必须加大师资队伍的补充力度，这其中虽然不乏从生产一线引进的专业技术人员，但由于近年来高职院校的地位、待遇、稳定度等方面的吸引力，优秀的高校应届毕业研究生将在数量上占据主要，强化对他们教学要求、实践能力的再培训显得十分重要和紧迫。

（二）从引进教师的课程门类上看，专业课教师的引进仍然是主要的，英语、计算机类专职教师仍供不应求

随着高职高专院校专业门类的扩大和生源数量的增加，专业课教师特别是专业带头人的引进将成为各校争夺的重点。在基础课方面，计算机、英语类教师仍供不应求，数学由于其开发学生数理逻辑和抽象思维的功能，其重要性在逐步得到再认识，因此数学教师的缺乏也将逐渐显现。

（三）随着教师聘任制度和教师资格制度的完善，兼职教师队伍将规范化，任何专业人员都可以通过社会的教师资格考试获得教师资格，成为兼职教师资源库中的一员

专职教师队伍将在总体稳定的基础上适度流动，形成动态化趋势。这里的动态既包括内外流动，也包括教师职务的上下流动。师资管理将法制化，增强了学校按岗聘任、择优使用的自主权。

（四）对教师业务素质的要求将更加体现出"一专多能"的特点

"专"指本专业教学水平；"多"指实践能力的高低及现代化教学手段的运用。特别是"双师型"教师队伍的建设，将成为各高职高专院校注重的热点，教学方法改革趋向学以致用，教学手段的改革更多地引进了教学课件、网络授课和多媒体方式，掌握这些技术已成为新时期教师必备的基

本工作技能。

（五）师德教师随着教师队伍的动态化和新教师低龄化特点显得更为突出

学生的思想道德教育、职业道德教育需要教师首先具有高尚的师德，因此师德建设的制度化、经常化、规范化将成为今后各校注意的问题。

（六）随着培养、培训基地的完善和教师素质提高的趋势，师资培训呈现经常化趋势

各校将更注重对学历水平的达标要求，因此硕士研究生"热"将在高职高专教师中出现。在此影响下，加之新引进的人才一般为硕士研究生以上，所以几年内，高职高专师资队伍的学历水平将有一定的提高。随着科研工作的深入和人士聘任制度的深化，教师的职称水平也将有一定的提升。

（七）随着管理工作现代化水平的提高，对高职高专师资队伍的管理将更多地引入"人力资源管理"理论与实践，并依此科学地配置、管理师资队伍，充分挖掘人才的潜在能量，实现学校教育教学工作的高效、有序、可持续发展

随着我国高职教育的不断发展，高职高专师资队伍建设工作也面临着一系列新的挑战。为此，研究工作应当在已有的基础上进一步深入和完善，特别是结合新形势下高职教育在以就业为导向的思想指引下对教师素质的更高要求，进一步探索高职高专师资队伍建设的新的途径和机制，为促进高职教育的不断发展做出贡献。

十九大报告中明确提出："完善职业教育和培训体系，深化产教融合、校企合作。加快一流大学和一流学科建设，实现高等教育内涵式发展。"高职教育正在进入内涵式发展的新时代。

第九章 信息时代背景下高等职业院校的科研工作研究

第一节 高职院校科研工作的定位

一、高职院校科研工作的原则

所谓定位，就是给学校发展确定一个基本方位，明确自己在同类学校中应处的位置。我们认为，一所学校的发展定位主要包括三个方面：办学定位、人才培养目标定位、科研定位。

办学定位是学校在办学方向上的定位，是学校朝什么方向发展的定位。如，是定位于高职教育呢？还是定位于朝本科方向发展等。培养目标定位是学校培养什么样人才的定位。人才培养目标要结合当地经济和技术发展水平、劳动力市场需求情况进行准确定位。中共中央、国务院在《关于进一步加强人才工作的决定》中指出，要"努力造就数以亿计的高素质劳动者、数以千万计的专门人才和一大批拔尖创新人才"，培养数以千万计的社会需要的、技术应用水平较高的高级技能型专门人才是高职教育的目标。

科研工作定位是高职院校对科研地位、科研目标、科研重点的基本认识。定位问题至关重要，定位准确，才能方向明确，措施得力，成效明显。高职院校的科研定位要把握好如下几个原则：

（一）错位原则

这是指高职院校的科研重点要同培养学术型、工程校实行错位定位。由于普通高校已形成完整的学科体系，有科研能力强的师资队伍，有各级各类重点建设学科，因此，他们在基础科学研究上有着高职院校无法比拟的优势。高职院校的性质和实力决定了——把科研重点放在基础研究上，不然，会造成科研资源的无谓浪费。高职院校的科研重点应放在应用技术的研究、开发上。应用技术的研究主要包括应用技术的开发、科技成果的推广和转化、生产技术的服务、科学技术的咨询、技术人员的培训等。同时，要与企业紧密结合，以服务企业为宗旨，形成自身的科研特色。

（二）服务原则

高职院校的科研应以服务区域经济为己任，这是由高职院校的区域性特点决定的。高职院校主要是为地方经济发展提供技术和人力资源支持的，因此，高职院校的科研要瞄准地方经济发展的增长点，同当地的经济发展、技术发展态势结合起来，要瞄准企业的技术发展趋势，同企业的需求结合起来，特别要把握中小企业的技术需求，可以与企业一起组建技术研发中心，共同开展技术和产品的研发，这既可提高企业的生产水平，又可提高学校的办学效益和教师的研水同时，要与人才培养质量的提高结合起来，并通过创立大学生创业园等形式，让学生参与技术应用的研究项目，把科研同学生培养相结合，提高学生的动手能力、创新能力、创业能力。

（三）特色原则

只有特色的，才是自己的；只有特色的，才是有生命力的。高职院校只有办出特色，才能立于不败之地。特色的内涵是丰富的，各校应有各校自己的特色，如专业上的特色、产学结合上的特色、人才培养模式上的特色等等。高职院校的科研也应形成特色，只有形成了一定的特色，才能更好地为学校赢得声誉。特色形成的过程，是一个积累的过程，学校应该在分析、研究现有水平的基础上，根据技术发展状况，结合学校发展目标，确定重点研究和发展领域，引进人才，组建研究梯队，逐渐形成研究特色。特色一旦形成，学校也就拥有了在该领域或学科上的话语权，声誉自然也就随之提高。因此，高职院校要重视对学校科研方向和科研重点的调查研究，要瞄准应用技术的发展趋势，确立科研发展目标，这是特色形成的基础。

二、高职院校科研工作基本内涵

高职院校的科研工作对加快学校发展，提高学生的培养质量，对师资队伍建设等方面都具有重要的作用。高职院校科研工作的内涵，我们认为，具有如下几个方面：

（一）明确科研工作的指导思想

高职院校要树立科研兴校、科研强校的发展之路，提高对科研工作对学校发展重要性的认识；同时，高职院校要明确科研工作方向，要根据区域经济和社会发展的状况，根据学校的特点，制定科研工作规划，有重点、有针对性地开展科研工作。高职院校的科研要同培养高技能人才这一目标结合起来，要在新技术的应用，科技成果的转化和推广上下功夫；要积极参与企业的技术开发，帮助企业解决生产中碰到的具体技术问题。

（二）营造良好的科研氛围

我国的高职院校中，有相当一部分是在中专基础上升格的，教师缺乏对学科前沿动态的关注，科研能力不强。升格为高等学校后，一时还难以适应科研工作的要求。因此，营造一个鼓励教师从事科研的良好氛围，对高职院校科研工作的开展至为重要，因为，良好的科研氛围对教师科研水平的提高能起到潜移默化的作用。在科研氛围的营造上，首先，学院领导要重视科研工作，并带头从事科研；其次，可聘请专家进行科研指导，开展教授带徒活动，组成科研攻关小组；确立目标导向，建立科研奖励制度和考核制度，对科研工作成绩突出的教师给予重奖，对教师的科研要进行考核，并把考核结果作为教师晋级评聘的重要依据，以提高教师从事科研工作的积极性。

（三）培养一批学科带头人

高职院校要不要搞学科建设，目前尚有争论。我们认为，高职院校应该搞学科建设，但不同于普通高等学校的学科建设。高职院校的学科建设要紧紧围绕所设置的专业开展，同专业建设紧密结合起来，重点建设几门主干课程。要把建设的重点放在技术学科和技术成果的推广上，由于高职院校同企业、同生产第一线联系紧密，了解企业的技术发展态势和企业的技术需求，在技术应用性学科建设上具有自己的优势，也能形成自己的特色。学科建设重在特色和质量，而不在数量。高职院校要充分研究自己的学科优势，每所学校要重点建设好 1~2 个学科，办出特色，并在此基础上拓展。这样，才能不断提高自己在同类学校中的地位，形成比较优势。

学科建设同学科带头人的培养是紧密相关的。没有优秀的学科带头人就无法形成有影响的学科，因此，学科建设同学科带头人的培养要通盘考虑。一般来说，建设一个三级技术性学科除了要有系统、完整的该学科的教学计划、课程设置、教学大纲和先进的教学手段、方法以外，还必须具有较强的师资力量和相应的学科梯队，高级职称比例、学位比例、年龄结构要合理；学科带头人一般应为正教授，3~4 名学术带头人中都应具有高级职称。学科带头人建设必须采取培养与引进相结合的方法。立足于原有的师资，对技术能力强、发展潜力大的教师要加快培养力度，尽快使他们成为具有带头作用的学科领头羊。要适当引进一批具有较深学术造诣、洞悉技术发展趋势、技术开发和应用能力强的人才。引进人才要同引进项目相结合，通过人才引进改善师资结构，形成年龄、学历、职称结构比较合理的学科梯队；建立公平、公开的竞争机制，在职称、待遇等办学资源的分配上向教学科研骨干倾斜，鼓励优秀教师脱颖而出。

（四）走产学研相结合科研之路

产学研结合是现代高等教育的发展趋势，高职院校的科研要瞄准市场，瞄准企业，瞄准生产第一线，要到企业中去找课题，走同企业密切结合搞科研之路。要积极参与企业的技术改造、产品开发、成果推广工作，形成产学研的结合优势。高职院校的产学研结合，要努力向理工科院校学习，如华中理工大学的 CAD 中心原先只是一个技术基础课教研室，1986 年成立 CAD 中心后，承接了大量科研课题。经过十多年努力，在 CAD 研究方面取得累累硕果，并组建了华中软件公司，所开发的 CAD 软件产品在我国机械行业得到广泛使用，用户逾万家，效益达亿元，初步实现了产业化。而许多高职院校在产学研结合上也取得了一定的成绩，引起了企业和社会的关注，如宁波职业技术学院在这方面的机电一体化专业，其学科带头人兼任敏孚企业的总工程师，十分熟悉企业的技术需求，科研工作紧紧围绕企业的技术需求展开，做到了科桥同生产的有机结合，取得良好的经济效益。

第二节 高职院校的科研队伍建设

科研队伍通常是指科研人员队伍和科研管理人员队伍，现阶段，高职院校加强科研队伍建设显得尤为重要，因为，科研队伍的水平关系到学校整体科研地位和学校的内涵发展，应该引起高度重视。

一、科研人员队伍建设

科研人员是学校科研工作的主力军，科研人员的素质直接关系着科研的质量，关系着学校的学术声誉和学术水平。

目前，高职院校在科研人员队伍建设上还存在着一些薄弱环节，如一些学校领导对科研工作在学校发展中的重要性认识不足，重视不够，科研管理经验不足；部分教师科研意识薄弱，科研能力不强，不了解科研的方法和要求，难以适应高校对教师科研工作的要求；学校缺乏对科研工作的竞争和激励机制，物质奖励额度偏小，精神激励机制缺乏，还没有形成有效的竞争氛围等。因此，加快科研人员队伍建设，提高科研人员素质是高职院校科研工作的一项重要任务。

我们认为，高职院校的科研人员应具备如下基本素质：

（一）掌握科学的方法论

科学研究要建立在科学的认识论基础上，要用马克思主义的方法论指导我们的研究工作。科研工作要讲究实事求是，容不得半点虚假，任何违背事物发展规律的研究都是同科研精神相悖的，是我们所必须反对的。因此，科研人员要努力学习科学理论，掌握科学的方法论。只有这样，我们的科研工作才能不走弯路，并取得比较好的成绩。

（二）掌握科研的基本方法

科研水平的提高同是否能掌握良好的科研方法有关，方法正确，事半功倍；方法不对，事倍功半。自然科学的研究，实验法是最基本的研究方法，所有的数据和参数都要经得起实验的验证。因而，掌握正确的实验方法对自然科学研究就显得十分重要。社会科学的研究，虽然不必像自然科学那样所有的结果都要用实验来验证，但也必须符合事物的认识规律，研究必须建立在历史的、现实的基础上，不能凭空想象。就教育科学研究来说，研究的基本方法就有历史研究法、观察研究法、调查研究法、实验研究法、行动研究法、个案研究法等。至于研究中运用什么方法，则要具体问题具体分析。有的研究项目可能以一种方法为主，有的研究项目则要几种研究方法的综合运用。因此，对高职院校的科研工作者来说，掌握基本的研究方法，对提高自己的研究水平是非常必要的。

（三）具备相应的研究能力

研究能力包括方法能力、提出问题的能力、分析鉴别的能力、概括提炼能力、成果撰写能力等多方面。方法能力是指研究人员要掌握基本的研究方法，了解各级课题的申报办法，能正确填写课题申报表等；提出问题的能力是指能就自己所在的学科领域，提出自己的研究方向，并了解学科的前沿动态，同时能就别人研究中存在的问题提出自己的看法；分析鉴别的能力是指具有鉴别正确和错误观点的能力，能正确运用所掌握的各种文献资料，去伪存真，不为错误的观点所迷惑；概括提炼能力是指能对自己所研究的成果进行总结性的提炼，并能上升到一定的理论高度，具有通过对所拥有材料的分析研究，提炼所需的观点的能力；成果撰写能力是指能通用简明扼要的语言把实验结果、研究成果表述出来。

（四）是要具有一定的科研成果推广能力

科研成果不能只停留在实验室或放在保险箱里，还必须把科研成果转化为现实生产力。只有这样，科学技术才能真正发挥第一生产力的作用。高职院校不仅要培养出一批实用技术的研制大师，还要培育出一批科技成果的推广大师。因此，高职院校的教师要具备一定的科研成果推广能力，要掌握相应的知识营销技巧和推广技术。

（五）是具有良好的学术道德

科学研究是一项艰苦的、周期长、收效慢的工作，从事科研要树立起"板凳甘坐十年冷"的思想。科学研究同急功近利思想是格格不入的，只有耐得住寂寞，才能修得正果。曹雪芹写作《红楼梦》是在"举家食粥酒常赊"的艰难环境下，用了十年时间才完成的。"两弹一星"的功勋们是在戈壁沙漠的恶劣环境中，成就了事业的辉煌。现在，由于市场经济大潮的影响，神圣的学术殿堂也被急功近利的思想所浸染，染上了浮躁的毛病；有些人耐不住寂寞，放弃了精神守望者的角色，走出了象牙塔，加入到了"钱潮"之中。我们认为，科研工作者运用自己的知识和智慧改善自己的生活条件，做一个实实在在的"知本家"，本就应该提倡。但如果不持学术操守，弄虚作假，伪造数据，甚至抄袭剽窃，则丧失了一个科研工作者的基本准则。目前，社会对学术界学术规范失衡问题的关注就表明了这一点。因此，高职院校的科研工作者在科研工作中，一定要坚持科学的研究态度，树立起良好的学术责任感，严守学术道德。这对一个研究者来说是至关重要的。

二、科研管理人员队伍建设

科研管理人员是指学校科研管理部门中，承担学校科研管理工作的人员。科研管理人员的素质和水平，直接关系着学校科研人员队伍科研积极性的发挥和科研管理的水平。因此，重视科研管理人员队伍的建设，也是学校科研工作中一项不可忽视的工作。

（一）高职院校的科研管理机构建设

相对于普通高等学校，高职院校的科研管理人员队伍显得比较薄弱。这主要表现在：

1.有的学校没有设立独立的科研管理机构，把科研管理职能附设在教务处中，当作教学工作的一部分来对待

而科研管理是高校管理职能中的一项重要职能，把科研管理职能弱化为教务工作的一部分，表明对科研管理工作认识不足，重视不够。其实，科研管理工作同教学工作有质的不同。教学工作服务的对象是教师和学生，它的主要功能是日常的教学管理，如学籍管理、课程安排、教学改革、专业建设等；科研管理面对的主要是教师，它的主要功能是课题和科研成果的申报、评奖，科研项目和经费的管理，科研管理制度的制订，科研成果的推广以及同上级科技主管部门的联系等。因此，不宜把两种不同质的管理放在同一个管理部门中。

2.虽有独立的科研管理机构，但科研管理力量薄弱

现在大多数高职院校的科研管理机构连长带兵一般只有二人，面对日益扩大的科研管理职能，力量就显得薄弱。由于管理人员少，管理大多停留在

日常工作的层面上，难以开展有效的外联内合工作。如跟科研主管部门、企业的联系不够；对外面的科研信息了解不够；对学校科研工作的整体发展考虑不够等。而这都会影响学校科研水平的提高。

3. 科研管理人员的管理水平有待提高

科研管理人员存在着管理经验不足、服务意识不强、政策水平不高等问题。这些问题的存在跟科研管理部门人手少、缺乏培训、平时钻研不够有关。科研管理人员起着中间桥梁作用，上连上级科研主管部门，下系学校广大科研工作人员。科研管理人员的素质直接体现着一个学校的科研管理水平，必须加以重视。

对高职院校来说，重视科研工作不能只停留在认识上，而要落实在行动上。要做到双管齐下，既要充分调动广大科研工作人员的积极性；又要健全科研管理机构，调动科研管理人员的积极性，发挥他们外联内合、牵线搭桥、督促检查的作用。一个学校科研水平的提高，导向作用是非常重要的。建立和健全科研管理机构，就是学校重视科研工作的重要举措。现在，许多高职院校在教学和管理中还残留着明显的中专模式。究其原因，跟教师的科研水平不高，跟学校没有建立相应的高等学校管理模式有关。当然，设立了科研管理机构并非意味着学校的科研水平就一定能马上提高。冰冻三尺，非一日之寒，教师科研素养也并非短期内能显著提高的。但有了机构，就有了权利和责任，科研管理部门就有责任和义务去积极争取课题，组织力量进行科技攻关，督促教师开展科研工作，检查课题的进展情况，组织专家进行课题论证，开展科研成果评审等。而所有这一切工作，对学校科研水平的提高显然是有积极作用的。

（二）高职院校的科研管理人员的素质

科研管理人员是科研管理工作的承担者和实施者，作为一名科研管理工作者应具备良好的职业素质。

1. 科研管理工作者应具备的职业素质

大致有如下几方面：

（1）具有良好的服务意识。管理就是服务，科研管理的根本宗旨就是要为教师开展科研工作创造一个良好的环境。在课题申报、成果报奖、科研经费核算等方面努力为广大科研工作者做好服务。想教师之所想，急教师之所急，以自己的实际工作树立起科研管理部门的良好形象。

（2）具有比较高的业务水平。科研管理工作是一项专业性比较强的工作。如科技报表统计就是一项专业性很强的工作，需要耐心、细致和计算机处理技术，没有一定的专业知识是难以做好的。又如科研工作量的统计，如果不了解各种课题的来源、类型，不了解期刊的分类，计算中就难免会出差错。因此，只有努力钻研科研管理的业务知识，才能不断提高自己的业务水平。

由此可见，加强科研管理者的自身建设是非常重要的。作为一名科研管理工作者，除了自身努力外，高职院校也应该为科研管理者素质的提高积极创造条件。

2.科研管理工作者的自身建设

鉴于目前高职院校科研管理人员管理水平不高的现状，学校应组织管理人员开展学习取经活动。如向普通高校的科研管理部门学习，学习它们的管理经验；组织对口交流，向科研管理工作做得比较好的高职院校学习；请普通高校管理经验丰富的管理人员来校传经送宝等。通过交流和学习，开阔视野，增强见识，提高水平。同时，可聘请上级科研主管部门的领导来校讲授科研管理的方法和要求，提高管理的针对性。

与此同时，科研管港人员要在管理水平的提高上下功夫。

（1）要加强学习。既要学习业务知识，又要学习别人的管理经验。业务知识是自己做好本职工作的基础，业务知识不精，管理水平就难以提高。因此，熟悉业务，精通业务是做好工作的第一步。要虚心向普通高校管理经验丰富的同志学习，通过学习别人的经验，缩短自己的摸索过程，更快地提高自己。

（2）要强化服务意识。要牢固树立为广大科研工作者服务的观念，这是做好本职工作的前提。科研管理有许多烦琐的日常事务工作要做，有许多政策性的问题要向教师解答，没有牢固的服务意识就难以开展对教师全方位的服务。

（3）要加强沟通。沟通也是做好服务工作的重要内容。通过同教师的沟通，宣传科研政策，激励教师的科研积极性；通过同学校领导的沟通，让领导了解学校工作的现状和急需解决的问题，使科研工作能更好地开展；通过同上级科研主管部门的沟通，让上级部门关注高职院校的科研工作，从而争取更多的政策支持，加快学校科研工作的发展；通过同企业的沟通，了解企业的技术需求，为校企横向合作牵线搭桥。

（4）要提高决策咨询水平。我们认为，科研管理部门除了履行管理职能外，还要担负起为学校科研发展决策咨询的作用。如制定学校科研发展规划、学科发展规划、学科带头人培养计划等，这需要科研管理人员具有较高的政策水平。要了解国家的科技政策，国家今后科学技术发展的重点方向，国家今后要扶植的重点产业，以及地方经济发展的支柱产业等。只有这样，才能为学校的科研决策提供咨询。

作为科研管理人员，加强自身建设，提高自身素质对提高科研管理的质量和效率具有重要的作用。在我国大力发展高等职业教育的今天，在高职院校科研工作还比较薄弱的今天，加强高职院校科研管理人员的自身建设，具有特别重要的现实意义。

第三节 高职院校的科研管理体系

好的制度激励人，不合理的制度挫伤人。高职院校科研水平的提高，教师科研积极性的发挥，需要有制度的保障，要发挥制度在激励教师科研积极性上的作用，构建起重在激励教师积极性的科研管理体系。

一、校长要重视科研工作

我们认为，一所学校科研工作的成效，同校长的科研意识、对科研工作的重视程度密切相关。凡是校长重视科研，并带头搞科研的学校，科研工作就起步快，成效好。

首先，校长要树立良好的科研意识。要把抓科研工作提高到提升学校综合实力的高度来认识，要像抓教学工作一样来抓科研工作，通过科研促教学。国家教委、国家科委在《关于加强高等学校科学技术工作的意见》中指出："培养人才是高等学校的根本任务，科技工作是培养高级专门人才的一个重要手段"，"高等学校必须高度重视科技工作，把它作为一项基本任务。"因此，高职院校的科研工作并非是可有可无的，而是学校的基本任务之一。重视了科研工作，教学质量才会不断提高，学校发展才会不断加快。一个学校科研工作的好坏，应作为衡量校长工作的一个主要标志。

其次，校长不仅要在观念上重视科研工作，而且要落实在具体的行动上。一是要建立和健全科研管理机构，给以相应的人员编制和经费保障；二是在科研经费上要给以大力支持，每年并以一定的比例增长；三是要开好每年一次的科研工作大会，通过科研工作大会，总结经验，提出努力方向，表彰科研先进工作者，创造一个人人重视科研的良好环境。

第三，校长要带头搞科研、做课题，通过自己的科研工作，推动学校科研工作的开展。俗话说，身正令行，校长的科研意识、科研能力对高职院校科研工作的开展具有良好的示范作用和推动作用，因此，校长要努力使自己成为管理专家和某一领域的专家，通过自己的实践，推动学校科研工作的开展。

二、建立科学的有利于教师发挥科研积极性的管理体系

高职院校要建立有利于发挥积极性的科研管理体系，管理体系一般包括科研评价、科研激励和日常管理等方面的内容。首先，科研管理评价制度要起好导向作用，对教师的科研方向和科研重点的确立起到引导、规范作用。高职学院的科研评价制度要创新，一是要改变重理论研究轻实践应用的科研评价观，把应用技术研发、参与企业技术攻关、技术服务、应用技术推广等方面的成果作为衡量教师科研成果的主要指标。二是要把教师参与产学研结合的情况纳入科研评价的指标体系。三是要把教师参与专业、课程和人才培养模式改革的情况纳入科研评价指标体系。四是要把科研工作量纳入教师工作量考核指标体系，改变教学工作量与科研工作量不等值现象，提高教师科研积极性。总之，要通过评价制度，使教师的科研与学校的发展目标、学科建设、产学研结合、人才培养模式改革、教学质量的提高结合起来。其次，要充分发挥管理制度对教师的激励作用。目前，许多高校都纷纷出台对科研成果的重奖制度，而高职学院由于办学时间短、积累不够、缺乏科研带头人，整体科研水平不高，在这样的情况下，高职院校应如何面对？我们认为，要通过制度来激发教师的科研积极性。一是要制定具有导向作用的奖励制度，对具有重大创新和重大推广价值的理论、技术成果，成果转化产生显著经济效益的，成果推广成效明显的要给予重奖。二是对承担国家重大研究项目，并产生重要影响的课题组成员要给予重奖。三是研究成果为学校采纳，为学校发展做出重要贡献的要给予重奖。四是要打破以刊物等级进行奖励的管理制度，把科研成果质量为奖励的主要标准。当然，奖励标准应从各校的具体情况出发，但必须起到应有的激励作用。第三，要发挥管理制度对教师科研行为的规范作用。目前，高职学院的科研管理还存在重立项、轻结题现象，因此，科研管理要重视规范管理工作，要在课题的中期检查、结题等环节上加强管理，使每个课题都能有较好的效能产出，从而改变科研管理上立项轰轰烈烈、结题拖拖拉拉、成果稀稀拉拉的现象。要制定制度，对不按期完成研究任务的人员给予相应"处罚"，提高课题管理效率和成果水平。

第四节 高职院校的产学研结合

教育部周济部长在全国产学研经验交流会上指出，产学研结合是高职教育发展的必由之路。高等职业教育针对的是经济建设第一线的具体的职业岗位（群）或技术领域，要按照这些职业岗位（群）或技术领域对技术应用性

人才的要求来设置专业，制定教学计划，培养企业需要的适用人才。同时要对企业所需的技术进行技术开发，增强学校的研发功能。因此仅靠学校的教师设计培养方案或按学科体系去培养人，就会造成理论与实践的脱节。必须依靠企业的专家参与培养目标的制定，进行课程开发，共同确定学生的知识、能力、态度结构，这是高等职业学校主动适应社会需要的切入点和结合点，也是高等职业教育产学研结合的起点。高职院校要提高企业参与校企合作的积极性，提高在企业发展中的吸引力，就必须增加对企业发展的贡献率。因此，学校要通过"研"把产学双方紧密地联系在一起。

一、产学研结合是高职院校科研的基础

高等学校的科研由于校与校之间的基础不同，特点不同，科研工作的侧重点也应有所不同，要根据学校的特点，有重点、有针对性地进行。高等职业院校的科研与普通高等学校的科研，在质和量上有着不同的要求。普通高校的科研重在基础研究，重在原理的突破、理论的创新，重在高新技术的研究和应用，讲究体系的系统性和完整性，要突出研究的深度、广度和新颖性，要追踪世界科技研究的前沿，赶超世界先进水平。而高职院校的科研应重在技术的应用，成果的转化和推广，重在帮助企业解决生产中碰到的具体技术问题，着重于现有工艺设备、生产流程的改进上，同时要让学生具有把设计、方案、图纸转化为产品、商品乃至物质财富的能力，因此，高职教育的产学研结合在某种意义上要比普通高等教育来得更为紧密。产学研结合是高等职业院校科研的基础，高等职业院校要把科研的重点放在应用技术的开发和对企业的技术服务上，要求教师到企业中去找课题，帮助企业解决生产过程中的具体技术问题，参与企业的技术攻关，通过"研"，增强学校在产学合作中的主动权。

二、以"研"为纽带，促进产学合作人才培养

高职院校的科研要同培养技术应用性人才这一目标紧密结合起来，通过"研"这根纽带把产、学双方更紧密地联系在一起，为培养企业需要的技术应用性人才服务。

目前，高职院校的人才培养模式还不够鲜明，还没有在全国范围内形成具有影响力的人才培养模式，学校培养的人才还无法达到与企业岗位要求之间的"零距离"。企业认为，学校的教育环境脱离企业实际，教师、学生对企业的需求了解较少；学校的教学内容跟不上企业的技术发展，缺乏针对性；学校缺少现代化的实训设备，学生缺乏实战训练；学生职业意识薄弱，职业

素质不高。企业希望，学校的育人活动能和企业择人有机结合；学校教育能紧密联系企业生产实际，学校能成为企业的人力资源库、信息资源库；学校的教学内容能针对企业岗位群所需要的知识、技能；学生在毕业前能经受实际工作岗位的训练，上岗后能独立承担工作项目，并具有良好的职业素质、员工意识。因此，学校的人才培养要达到企业的要求，就必须深化产学合作教育，通过"研"，推动产、学双方的合作深入开展。

一是学校要积极承接企业的研究课题，并吸收学生参与课题的研究，使学生了解企业的技术发展情况，增加对企业的了解。

二是要构建校内外相结合的产学研合作机制。学校要从与校外企业联合办学的产学研结合模式中，取长补短，吸收校外企业的新技术，充分利用现有的设备，组建若干个产权明晰的企业和公司，逐步培育校内产业，最终形成校内校外相结合的产学研结合机制，为人才培养提供良好条件。

三是要深化课程改革，实施模块化、项目化课程。通过模块化、项目化课程，突出学生的专业核心能力培养。

第十章 新时代高等职业教育融资机制的创新与突破

第一节 高职教育融资特点

经过十年快速发展，高等职业教育取得了令人欣喜的成果，表现在：

一、树立了现代职业教育办学理念

高职院校积极转变办学思想，适应市场经济和社会发展需求，不断深化教育教学改革，调整优化专业结构，创新人才培养模式，大力推进国家级、省级示范性院校建设、精品课程建设、优秀教学团队建设，教学的质量有了很大提高，毕业生就业率稳步提高。

二、多元化办学格局初步形成

截至 2017 年，我国普通高校总数达 1 908 所，其中职业技术学院达 1 168 所，全国范围内，独立设置的高等职业技术学院在行政区域布局上渐趋合理，各省的省辖市基本上至少举办了一所高等职业院校。

全国 1 000 余所高职院校中，中央部委院校 4 所，地方教育部门学校 251 所，非教育部门办学达 503 所，民办高等职业院校已建成 259 所，单一教育部门办学格局有了较大改观，多元化办学格局已初步形成。

三、高职教育办学规模不断扩大

截至 2017 年底，我国共有独立设置的高职高专院校 1 168 所，占全国普通高校总数的 60% 以上，在校生 860 多万，约占本专科在校生总数的 53。随着经济发展中新的工作岗位和岗位群的出现，高职院院校的专业设置也及时调整，建立了较完备的专业和专业群体系。

四、服务社会能力显著增强

全国高等职业院校累计培养毕业生 1 100 余万人，为全国各行各业输送了大量高素质、高技能人才。高等职业院校充分发挥技术和人才优势，积极参与地方经济建设，提供技术开发与服务，为农业、建筑业、制造业、信息业、交通运输等开展了大量的农村劳动力转移培训和实用技能提升培训。

第二节 高职教育融资问题

一、财政投入主渠道功能弱化

在教育发展规划中，虽然有教育经费的"三个增长"和国务院"财政性支出占国民生产总值4%"的要求，但财政性经费占国民生产总值比例仍呈不断下降的趋势。我国教育投入，占 GDP 比重与国际上占 5.2% 的国际水平存在着较大差距。国家大力投资城镇基础设施建设，弥补社会保障基金、医疗保障基金的缺口，使得财政性教育经费拨款不可能有大的增幅。国家财政拨款作高职教育融资主渠道的功能正在不断弱化。

二、学费收入增长空间受限

2006 年，普通高校学费收入 857.5 亿元，占全部资金收入 2 938.88 亿元的 29.18%，超过了许多发达国家受教育者个人负担比例为 25% 的水平。

目前，我国高职院校学生平均每年支付的学杂费约在 7 000 元左右，再加上学生的日常消费支持，普通居民的教育开支占家庭开支中的比例已接近或超过发达国家水平，学费的负担已成为受教育者家庭的沉重的包袱，2017 年，我国城镇居民人均可支配收入为 13 786 元，农村人均纯收 4 140 元，剔除必要的开支后，结余很少，供养一名高职学生往往花光一个工薪家庭几年的积蓄，农村家庭更是不堪重负。

考虑到居民的承受能力和社会的责难，今后高职学校的学费标准不再会有大的提高，教育部对此也通过新闻媒体做过郑重承诺，学费占生均事业费的比重不能再提高。

除了国家政策的要求，高职教育需要遵循教育市场规律，学费收得太高，学生就不报到，降低了在校生规模，反而会影响学费总收入，因此，光靠学费的收入实现高校快速滚动发展，变得不切实际，通过提高学费增加资金来源的渠道已被堵死。

近年来，另一个现象令高职院校头疼的问题是学生欠缴学费。在高职院校中，超过 50% 的学生来自农村，而农村家庭收入水平普遍偏低，尤其是我国的中心部省份，负担要远比城镇家庭沉重，助学贷款资助的覆盖面不大，但入学"绿色通道"必须畅通，各高职院校发生了不同程度的学费收缴难的问题，欠费比例不断扩大，欠缴总额呈不断增长趋势。

三、金融机构融资门槛过高

高职院校的扩张引发了对资金的渴求，在当前学校融资渠道狭窄的情况下，因从银行等金融机构贷款有筹资额度大、筹资速度快、借款手续相对简便等特点，形成一度的"银校合作"热潮，向金融机构贷款成为学校融资的主渠道之一。但高校共同发展难以突破法律和制度层面的限制，高校的性质决定了银行不可能成为高职院校融资的主渠道：

首先，无论是国办还是民办高职院校，均不得以营利为目的，各项收入用于庞大的日常开支用于教学投入后所剩无几，仅凭自身难以安排可行的巨额还贷计划。

其次是法律制度的制约。《担保法》规定高校的教育设施、财产不可用于担保、抵押；学校不得作为保证人，企业间可以采用的互保方法对学校来说也不可行。而且，银行对学校的财务指标评价体系套用企业财务指标体系，不能全面、完整地反映学校的财务状况和发展潜力。再次是金融形势不容乐观。随着吉林大学"财务危机"的爆发，银行负债达也未能幸免，2500 亿之巨，国内众多本科高校也纷纷陷入债务泥潭，暴露了高校商业性许多高职专科学校自 2012 年起，高职院校纷纷年开始新建或扩建校区，建设预算通常为 2～3 亿元，该部分高校于 2017 年后迎来还贷高峰，学校还贷压力沉重，学校只得压缩正常的教学和科研经费支出，导致教育资源不足，银行也因此饱受非议。

鉴于以上原因，银行作为以货币为经营对象的特殊企业，在保证资产"安全性、流动性、营利性"的前提下，更加奉行"保守原则"，对于学校提出的贷款需求必将在借贷额度、贷款期限等方面设定种种限制条件。对银校合作融资的业务范围上也往往局限于向师生发放信用卡、提供结算服务等业务，对学校的基建贷款等业务基本停止。从银行贷款只能解燃眉之急，不可能成为学校稳定的资金筹集渠道。

四、校办企业收入少且不稳定

截至 2004 年全国高校创办企业 4563 家，实现收入 969.3 亿元，实现净利润 29.53 亿元，上交学校利费仅为 17.53 元。理论上高校创办的产业依托高校的人才、知识优势，享有政府的税收减免优惠政策，曾被看作是大有前途的融资渠道，但近年，随市场竞争加剧，校办企业给高校带来的法律责任和金融风险不断加剧，在学校资金本身就紧张的形式下，很难对校办企业继续投入，企业成长缓慢，校办企业产生的收入少且不稳定，这是因为：

校办企业经营范围是传统的制造业、服务业，企业围绕着学生的衣食住行开展经营活动，受到高职学校学生规模普遍较小的影响。传统的物业、印刷、超市等校办产业在激烈的市场竞争面前萎缩，据统计，2010 年，我国高校校办企业 5451 个，到 2014 年，在高校数量增加的同时，校办企业减少到 4563 家，5 年间企业减少了 888 家。

科研技术优势不明显。因高职院校的办学中科研及其成果转化并不是学校的主要目标，从事专门科研的队伍小、水平低，再有领导不重视方面的因素，高职院校很难"孵化"出清华同方、方正科技这样的企业，企业没有核心竞争力，一旦经营不善，不仅不能回报学校，还会成为学校的包袱。

管理水平低，市场竞争力弱。校办企业管理体制不能有效适应市场的变化，缺乏高水平的管理队伍，在激烈的市场竞争中处于不利地位。

五、社会捐赠教育的气候尚未形成

吸引社会资金教育，是解决穷国办教育的一条重要途径。尽管我国高等教育接受的捐赠总额不断增加，但目前仍存在许多问题，具体有：

一是捐赠规模小，捐赠方式不规范。2016 年全国教育捐赠收入为 19.33 亿元，仅占年教育经费总收入的 0.0066%，许多活动是靠"助学"、"爱心"或行政命令进行的。由于高职院校建校历史短，声誉低，人们对高职教育存在误区等原因，社会对高职院校捐赠的远远少于普通本科高校。

二是政策法规不完善，未能有效激励捐赠行为，我国至今未有《捐赠法》，已有的税法规定中免税的优惠力度不够或缺少实施细则，没能调动企业和个人捐赠的积极性；

三是教育捐赠管理上存在缺位，民政部门、妇联组织、教育部门等都关注贫困学生，但彼此间缺乏沟通协调，不能形成工作合力。

六、资金来源不平衡

高职院校面临教育经费短缺是普遍存在的问题，但资金短缺程度并不相同，以下因素造成了高职院校资金来源的不平衡：

（一）经济发展水平导致的不平衡

各省经济发展具有不平衡，在教育的投入上就会体现出来。北京、上海、江苏、浙江、广东等发达地区的高职院校，无论是从筹集到的教育经费数量上，还是从教育经费融资渠道广度上比较，都远远优于中西部的学校。例如，河北省 2016 年高职高专院校生均预算内教育经费支出即为 2104.5 元，与北京的 7990.04 元 / 生相差近 4 倍。

（二）因隶属关系导致的不平衡

高职院校因隶属关系不同还分为部属高校、省属高校和市属高校，省部属高校基于其学校声誉、区位优势、政策倾斜等原因，获得资金的来源渠道要广于市属高校。市属学校资金来源单一，受地方财政收入影响较大。

（三）因行业办学导致的不平衡

行业办学是普遍存在的种办学模式，全国共有行业办学校 500 所左右，由于行业办学的存在，导致高校获取财政资金的渠道不一致，同层次、规模相当的学校获取的财政资金数额可能会相差较大，例如部分省市的石油职业技术学院隶属属中国石油或中国石化，电力职业技术学院隶属电力部（局），交通职业技术学院隶属交通部（局），这些学校除了在省市财政部门获取财政资金外，还可向行业主管部门申请拨付资金，它们就比非行业办学的高校多了获取财政资金的渠道。同时，不同行业办学的高校获取资金的条件又不一样，学校的行业主管部门如属于国家垄断性的行业或部门，上级部门经济效益好，学校获取的资金就多些，反之，学校获取行业资金就困难些。

（四）因办学体制导致的不平衡

国办高职院校或多或少地得到了政府的财政经费支持，但民办院校既无财政拨款的支持，也无行业资金支持，经费来源完全自筹，对学杂费收入依存度达 85%，走的是一条"以学养学"的道路。

民办高职院校在税收优惠、融资、建设用地审批等方面无法享受与公办高校同等的待遇，办学成本会相对增加。由于政策限制，民办资本投资教育的流入机制和流出机制不完善，且投资回收期长，即使民间资本充裕，投资者也很少将资金投入高职教育领域。因此民办学校更容易陷入资金困境。

国家现有教育财政经费拨付体制不公平，获得财政拨款多的高职院校不能保证是社会效益好、经济效率高的学校，不利于高职院校的优胜劣汰。

第三节 高职教育融资方式

教育经费划分为两大部分：一是财政性教育经费即公共教育经费；二是非财政性教育经费，具体到高职院校，传统融资渠道如下：

一、财政经费拨款

财政教育经费拨款：指省级、市级财政在预算内安排并划拨到学校的教育经费，包括教育事业费拨款、科研经费拨款、基建经费拨款和其他经费拨款。财政拨款实行分级办学、分级负担的原则。财政教育经费拨款是国办高校资金来源的主渠道，近年来，各级财政对职业教育投入的绝对量在逐年增加，但财政性教育投入要达到国民生产总值4%的目标并未实现。财政预算内经费在总量上呈逐年提高的趋势，2017年普通高校预算内教育经费达1259.57亿元，但2/3用于人头经费，除去办公经费后，只有少量用于教学投入。

有资料显示，随着自筹经费能力有明显提高，高等教育总经费中财政预算内教育经费所占比例从1990年的93.5%下降到2016年的41.09%，财政预算内教育经费拨款地位不断降低。

二、学杂费收入

主要是指向受教育者收取的学费和住宿费、教材费及其他费用。高等职业教育属非义务教育，按照"谁受益，谁付费"的原则，受教育者要承担部分的费用。

目前，我国还未制定统一的高职教育收费标准，学杂费由各省主管部门根据地方经济发展状况、收入水平及物价水平等因素自行确定。各省份之间收费差距大，如宁夏、新疆、贵州等西部省份的学费平均在3500元左右，但东部沿海地区的学杂费平均在7500元作右；同时，同所高职院校专业间收费差距较大，如艺术设计类、信息技术类的一些专业学费达10000元/年，音乐舞蹈等专业高达15000元/年，而农林、畜牧、师范等专业学费为3500元，但80%专业的学费为5000元/年上。除学费外，学生还需交纳500～1200元/年的住宿费，500元/年左右的教材费，以及或多或少的其他费用。

学费收入的多少主要依赖于学校的规模与收费标准，在学费固定的情况下，增加招生指标（尤其是增加高学费专业招生指标）成了各学校增加资金来源的主要途径。学杂费收入已成为高职院校的主要融资渠道，并且随着招生规模的扩大有逐步提高呈上升趋势。

三、金融机构贷款

指高职院校向商业银行、信用社等金融机构借得的需要还本付息的资金，主要以商业银行中短期贷款为主。

《中华人民共和国教育法》第六十二条规定，"国家鼓励运用金融手段、信贷手段，支持教育事业的发展"。在国家政策指引下，自1999年高职业院校扩招开始，随着在校生规模的扩大，各学校纷纷向银行借贷，贷款主要用于：

首先是校区的新建扩建，改善教室、食堂、宿舍、体育场馆等基础设施，贷款期限一般在5年。

其次是银行授予学校一定的信用额度，解决学校实验用科研仪器设备采购、教学经费支出等短期流动资金的需求，一般为一年，最长不超过3年。

再次是，自1999年起，在中央和地方教育主管部门大力协调下，银行等金融机构通过生源地助学贷款、国家助学贷款等方式资助家庭经济困难学生，缴纳学费或用于学生日常生活开支，从某种程度上说是学校融资的间接渠道。据全国学生资助管理中心统计，截至2017年6月，全国累计审批资助贫困学生318万人，审批合同金额278亿元。随着国家助学贷款政策资助面的扩大，将逐步缓解高职院校的欠费问题，是重要的间接融资渠道。

四、校办企业收入

是指高职院校从其投资创办的全资企业、控股公司（或参股公司）的税后利润中取得的收入。

在企业经营得法，能不断创造利润的情况下，校办企业提取扩大再生产的准备金后，拿出部分收入支持学校。途径有学校直接获取利润分配；用公益金设立专项科研基金、奖学金等，是学校的资金来源的有益补充。

五、社会捐赠收入

指高校从社会和海内外等各方面获得的捐赠以及赞助收入。分为直接捐赠和建立基金两种主要形式。直接捐赠如捐建图书馆、教学楼，科研仪器设备等；建立基金主要用于奖励优秀的学生或教师、资助贫困学生、资助科研项目等。如邵逸夫先生自1985年起，在各地捐建图书馆、科技馆、教学楼项目3 000余个，捐款总额达25亿港元。

六、其他收入

包括科研服务收入，指高校利用自身优势承接政府下发的科研项目、为政府提供决策咨询服务以及为企业服务获得的科研经费收入，包括科研经费、科研成果转让和科技服务收入。

政策优惠补助性收入，指政府制定政策对学校以及校办产业给予的减免一些规费和税费，从而使学校减少支出获得的收益。

利息性收入，指高校利用资金收支时间差，按照金融管理的法规制度，进行一些安全、合法的资金运作所获得的利息收入。

其他收入在高职院校的资金收入来源中所占比例很小且没有发展空间。

第四节 高职教育融资机会

《国家中长期教育改革和发展规划纲要（2010～2020年）》明确提出"加大教育投入。教育投入是支撑国家长远发展的基础性、战略性投资，是教育事业的物质基础，是公共财政的重要职能。要健全以政府投入为主，多渠道筹集教育经费的体制，大幅度增加教育投入。"针对高等职业教育投融资现状及其存在的问题，本文提出了建立高等职业院校多元化新型投融资体制，完善多渠道筹措高职教育经费投入机制，在强化国家财政投入主体地位的基础上，建立调节职业教育资金供需的市场机制、实现投融资主体和方式多元化，从而破解高等职业教育投资短缺，为高职教育筹措所需发展资金。

一、加大政府财政投入力度

财政性教育经费投入是高职教育经费来源的主要渠道，要确立政府投资的主体地位，强化政府财政拨款的主渠道作用，重塑各级政府的高职教育财政责任，建立地方政府主导型的高等职业教育财政拨款体制。要增加高职教育经费供给总量，扩大财政经费比例，提高高职生均经费，优化经费结构，缓解高职教育经费供给与需求的矛盾。在教育经费投入占GDP的比例已经达到4%的时代，应适度增加对高职教育财政性经费投入，缩小同本科院校的比例，地方政府应增加财政支付力度，国家层面应适当增加竞争性经费投入，设立专项基金，支持高职教育事业的发展。

二、改革高职经费拨款机制

当前，高职教育正在进行着规模发展向质量提升的转型，高职教育经费投入的制度建设的目标也应反映"质量"发展诉求。适应高职教育发展与经费投入的内外部条件的变化，要建立科学的财政拨款机制，优化国家对高职学校的拨款模式及管理方式。要根据当地实际，调整教育经费投入结构，提高职业教育经费在本地区教育经费投入中的比例，保证职业教育财政性经费、生均经费和生均公用经费相应增长。在财政拨款机制改革方面，除按照每年职业学校招生数和在校生规模，分地区核定拨款标准，解决中央和地方所属高等学校财政拨款标准悬殊问题外，还要建立绩效拨款制度，引导高校提高经费使用效率。

三、完善教育成本分担机制

职业教育首先是一种个人投资行为，这种投资有着明显的回报率，学生本人理应承担部分教育成本。职业教育实行成本分担在政策、社会需求与人民收入方面也都具备了可行性。政府可以根据"利益获得"和"能力支付"原则，在科学测定职业教育成本的基础上，建立不同地区、不同时期、不同家庭收入水平、不同高校性质的学费收费标准。目前，高职院校学杂费已经处于相对较高的水平，应着力控制高职院校学杂费水平，以学科生均成本为基础衡量学费标准，遵循学费标准制定的差别原则，科学确定收取学生的学杂费标准，实行加权学费制。

四、拓宽高职教育融资新渠道

充分利用资本市场，拓宽融资渠道。高等职业学校可以选择的融资方式主要有资产证券融资、信托融资、租赁融资、PPP 与 BUT 融资。要充分发挥教育信托作用，积极推进教育券制度、建立职业学校建设性贴息贷款制度，鼓励发行职业教育彩票、资产证券，解决职业教育在发展中的经费紧张问题。健全银行、政府、学校间的协调沟通机制，支持银行对高等职业教育贷款，并规范高职学校银行贷款行为，优化职业教育贷款投向，合理确定支持重点；缓解高职学校银行贷款负担，严格控制新增银行贷款，妥善解决财务风险问题。

五、拓展社会和个人捐赠渠道

社会投入是教育投入的重要组成部分，我国高等职业学校社会和个人捐赠应得到足够的重视，充分发挥社会力量办高职教育的积极性，积极拓展社会捐赠，要完善捐资教育激励机制，完善社会和个人对高等教育的捐赠规定，落实个人教育公益性捐赠支出在所得税税前扣除规定，争取社会团体、个人、企业和校友多方面的捐赠，保证捐赠收入的稳定增加。完善我国高职教育捐赠机构的资金管理运营机制，实施独立自主的基金管理模式。

六、形成多样化所有制新格局

在政策的制定上，应该进一步理顺民间资本在职业教育发展中的地位，引导民间资本参与高等职业教育；政府应创造公平竞争的办学环境，增加对民办高职院校、学生及其办学者的优惠措施，如扩大免税覆盖面，增加民办高职院校学生资助比例等等，鼓励和规范民办学校的发展；充分发挥社会力量参与职业学校办学的积极性，大胆探索职业院校所有制的多种实现形式，形成以公立职业院校和非营利性职业院校为主体、公立职院与私立职院并举、非营利法人与营利法人共存的多样化化所有制格局，将职业院校教育办学模式从过去的政府办学逐步过渡到社会办学的局面上来，如"国有民办"、"完全民办"、"公民联办"、"名校办民校"、"中外合作办学"等，打破政府办学中大包大揽的格局，形成多元办学新局面。

七、增加社会服务收入新途径

高职教育经费可以从显性和隐性两个角度来看，显性的是各级各类资金的投入，而隐性经费则表现为学校为社会服务等获得的潜在收益。因此，高职院校经费投入中要综合考量高职院校的特殊性，发挥高校服务社会的功能，提高市场融资能力。面向市场，以创办校办企业、提供社会服务、出售无形资产等方式，获得校办企业收入、委托培养收入、教育服务收入、后勤服务收入。走产学研结合之路，建立产学研协调专业机构，促进高校科研成果的转让；走教育集团化之路，实现校企联合，公开发行股票，积极吸引企业资本参与教育集团组建。

参考文献

[1] 任军利，冯亚楠，吴宝山 . 高等职业教育服务区域经济发展研究 [J]. 合作经济与科技 ,2014（23）:20-21.

[2] 陈欣 . 基于 SWOT 分析法的国内高等职业教育发展战略研究——以江苏省南京工程高等职业学校为例 [J]. 教育现代化 ,2017（45）:176-179.

[3] 任宁宁 . 伊犁州高等职业教育服务区域经济社会发展研究 [J]. 高等继续教育学报 ,2017（05）:60-66.

[4] 宫麟丰 . 高等职业教育创新发展与高职院校特色化发展研究 [J]. 现代教育管理 ,2017（10）:113-118.

[5] 张苗，赵静，张尹莉 . 高等职业教育发展对区域产业集聚的影响研究——以皖江城市带为例 [J]. 中国职业技术教育 ,2014（31）:84-88.

[6] 杨贺年 . 宁夏民族职业教育与区域经济协调发展研究 [J]. 内蒙古师范大学学报（教育科学版）,2017（09）:20-22.

[7] 李连庚 . 浅谈高等职业教育实践教学体系的构建——评《高等职业教育可持续发展研究》[J]. 中国教育学刊 ,2017（09）:127.

[8] 李平 . 高等职业教育视域下"双师型"教师专业发展研究 [J]. 高教学刊 ,2017（17）:163-165.

[9] 徐征宇，王兴 . 促进就业、公平及绿色的高等职业教育发展途径——基于TVET 战略（2016—2021）的启示 [J]. 中国职业技术教育 ,2017（20）:70-75.

[10] 康广 . 河北省高等职业教育与区域经济协同发展研究——基于京津冀协同发展视角 [J]. 石家庄职业技术学院学报 ,2017（03）:59-61.

[11] 黄俊霞，姚本先 . 高等职业教育服务区域经济发展研究的文献计量学分析 [J]. 武汉商学院学报 ,2014（05）:62-66.

[12] 周建松 . 高等教育发展趋势与我国高等职业教育的对策选择 [J]. 中国大学教学 ,2017（04）:39-42.

[13] 朱淑珍 . 国际教育标准分类与我国高等职业教育发展探索 [J]. 中国高教研

究 ,2014（10）:102-106.

[14] 李传波 , 刘亚砂 . 提高高职毕业生就业质量 推进高等职业教育——京津冀一体化下河北省高等职业教育发展研究 [J]. 科技经济导刊 ,2017（10）:137-138.

[15] 贾湘狱 . 高等职业教育服务区域经济的现状、问题与对策研究——以株洲市高职教育发展为例 [J]. 当代教育理论与实践 ,2017（03）:87-91.

[16] 党瑞红 . "一带一路"视角下的我国高等职业教育国际化发展研究 [J]. 当代职业教育 ,2017（03）:13-17.

[17] 宋晓惠 . 高等职业教育社区化发展研究 [J]. 才智 ,2017（05）:116.

[18] 李成森 , 阎卫东 . 供给侧改革背景下的高等职业教育发展趋向研究 [J]. 教育与职业 ,2017（03）:24-28.

[19] 胡北 . 政府在现代职业教育发展中的主体责任——以德阳国家高等职业教育综合改革实验区的实践为例 [J]. 教育科学论坛 ,2017（03）:3-5.

[20] 夏铮 . 京津冀协同发展背景下天津高等职业教育发展研究 [J]. 天津职业院校联合学报 ,2016（12）:9-12.

[21] 丁化 . 高等职业教育顺应地方经济发展的思考——以江阴高等职业教育发展为例 [J]. 延安职业技术学院学报 ,2016（06）:51-53.

[22] 孙艳萍 . 以创新为动力 , 大力发展高等职业教育——《中国制造 2025》背景下高等职业教育发展思考 [J]. 中国农业会计 ,2016（12）:12-13.

[23] 陈翠荣 , 张一诺 . 印度推进高等职业教育发展的主要措施及启示——基于"职业教育质量改进计划（Ⅱ）"的分析 [J]. 高等工程教育研究 ,2016（06）:169-174.

[24] 罗旭华 , 纪雯雯 . 供给侧改革背景下高等职业教育发展面临的问题与挑战 [J]. 山东高等教育 ,2016（11）:65-75.

[25]. 基于协同理论的残疾人中高等职业教育发展探索——以残疾人中高等职业教育衔接影响因素为视角 [J]. 职教论坛 ,2016（31）:55.

[26] 范莉莉 . 基于协同理论的残疾人中高等职业教育发展探索——以残疾人中高等职业教育衔接影响因素为视角 [J]. 教育理论与实践 ,2016（27）:24-26.

[27] 石银华 , 朱诗园 , 鄢安富 . 一带一路背景下江西省旅游高等职业教育发展的对策 [J]. 职教论坛 ,2016（26）:89-92.

[28] 赵晓妮 . 高等职业教育与产业转型升级协同发展研究 [J]. 教育与职业 ,2016（16）:11-15.